ちくま学芸文庫

論文の書きかた

佐藤健二

筑摩書房

目　次

論文の書きかた

第1章 論文とはなにか
：辞書に書いていない意味を考える

　この本で説くのは、「論文の書きかた」である。

　「論文」は、学生や研究者にとっては、とりたてて説明する必要がないほどにありふれた課題であろう。それは講義や演習で求められるレポートであり、学会誌に投稿する自分の研究成果であり、学位のためにとりくまなければならない卒業論文、修士論文、博士論文である。「論文」は文系理系を問わず、専門領域の別を問わず、さらにいえば学会にむけた研究論文の公表から資格試験での小論文の要請まで局面を問わず、幅広くさまざまなところで書かれる。

　ここで論ずる対象は、じっさいにはもうすこし限定的である。社会学での論文の書きかたを中心とするものにならざるをえないからである。

　残念なことに、個人の経験はかぎられている。だから、自分が望ましいと考えている書きかたが、あらゆる専門領域の論文に通用するかどうかはわからない。私が研究者として学び、読者として親しんできた社会学の領域での優れた論文を、医学や化学の領域での秀でた論文と比べてみる

と、同じく専門的に高く評価された成果とはいっても、長さやスタイルにおいてかなりの違いがあるような気がする。社会学と隣接する領域だと思われている社会心理学や文化人類学の論文も、よくみるとさまざまな作法の違いに気づく[1]。同じ社会学に属するものであっても、理論や学史の研究論文と、実態調査に基づく分析とを比較してみれば、その書かれかたが同じではないとの印象をもつかもしれない。

じっさいの論文はたしかに多様である。とりわけ名を残した古典などは書かれた作品としての個性をつよくもっているから、こうすればうまく正しく書けると世の中でいわれているハウツーの定型通りには書かれていない。

しかしながら、それならば論文としての良し悪しの評価は、まったく自由勝手のお好みしだいなのか。印象のあいまいな尺度でしか、その成否は審査されていないのかといえば、それは明確にそうではない。「論文」の名において要求され評価される論の骨格や体裁は、共有されているからである。細かい記述や論証のスタイルの具体的なところに、個性を感じさせる違いがあったとしても、判断の大きな枠組みそれ自体は、ある種の普遍性と一般性をもって共有されている。論じようとする対象を自覚的に選択し、問

---

[1]　さらにくわえて、「相関社会科学」とか「社会情報学」とか「文化資源学」とか「新領域創成科学」とか、新しい学問領域の名も増えている。もちろん、学の名前ごとに異なる論文の書きかたが生まれるわけではない。論文とはもう少し普遍的なものである。

題とすべき論点を明確に設定し、その問いに自分でどれだけ論理的で説得的な解をあたえているか。その設定の目のつけどころの良さと、説得の論理のたしかさが、研究者に共有された規準において審査される。

　ここで説こうとしている「論文の書きかた」は、そのような水準で共有されている方法的規準の自覚であり、社会学の研究プロセスにおける作法の明確化である。たぶん、論文を書くことをつうじてしか、その規準や作法を身につけるのはむずかしいかもしれない。そしてうまく解けないという問題の感覚なしには、考えるヒントも力をもたない。だからなにかを主題に論文を書こうとした経験なしに、ここで問題にしていることを実感するのは、ひょっとしたら困難なのかもしれないとも思う。

　しかし、ここで論じられる方法の問題は、論文を書く経験だけにかぎられたものではない。研究するということ自体にも、深くかかわる。そしてひとはじつにはば広く経験を敷衍し、想像して理解する能力をもっているので、あまりかんたんにあきらめず議論をたどってもらいたい。

『文章読本』と『論文の書き方』

　この本は、論文版の『文章読本』ではない。

　いわゆる『文章読本』は、「よい文章」「わかりやすい文章」とはなにかを論じ、その鑑賞の手引きをつうじて書きかたを教えるための書物である。これまでにも世の中で注目され話題になった、いくつかの好著がある[2]。その種の

本の意義の半分は、お手本となるべき「名文」が効率的に読める抄録集成（アンソロジー）としてであった。しかしながら、お手本とすべき論文の実例を入れるのは、むずかしい。そもそも、「論文」という文章はひとつのまとまりが長く、数行か２〜３ページかの部分を切り取ってみせたとしても、良い例示としては成り立たないからだ。

　論文の評価は、詩句や名文句のそれと異なる。文章のリズムや響きがたくみであるかよりも、説明が論理の構成において納得できるものであるかどうか、である。さらには、全体の構成が生みだす説得力や、分析の分厚さともいうべき論証の構造全体が問われる。つまり表現の技のたくみさや修辞の段落的なまとまりをはみだす、主張の一貫性や論理の積みあげかたなど、論理の順序や説明のプロセス全体への目くばりが審査される。

　「ベタ」な模範例ではなく「メタ」な設計や作法の理屈が必要になるのも、それゆえである。印象的な文章の実物をならべて、それ自体に語らせるのではなく、「書きかた」という抽象水準において職人の作法を伝えざるをえない。おそらく『論文読本』を編むのは、思った以上にむずかしいだろう。

　余談だが、世にもてはやされた谷崎潤一郎以降の『文章読本』の位相も、そう考えてみるとおもしろい。

2　たとえば戦前の谷崎潤一郎［1934］はじめ、三島由紀夫［1959］、丸谷才一［1977］、井上ひさし［1984］など。これに対して、『論文の書き方』の代表は、清水幾太郎［1959］であろう。

その用途はおそらく、名言や箴言を集めた「用例集」「格言集」の社会的効用を継承するものだ。名文句は演説や挨拶に引用して使われた。『文章読本』[3]という、例示的であると同時に批評的に鳥瞰する著作の形式は、散文という書きものの領域に生まれた名文集である。短い名文句の実用から離れ、一方での小説やエッセーのような散文を読む経験の普及のうえに成り立った。「句」から「文」へと素材が長くなった分だけ、その表現の良さの解説や、意味するところの読みかた、評価すべき技巧の説明が、くだくだしくも必要となった。歌舞伎舞台で知られた名ゼリフの練習帳や、ことわざ代わりの名句の集成をさらに拡大し、名文の「サワリ」を集めた入門書が「読本」として、教科書のように編集されたわけもそこにある。

　しかし、すでに述べたように論文は、もはや「読みかた」による模倣の教育に納まるものではない。それゆえ、作法としての「書きかた」を提示するかたちでしか語れない。ここで論じようとする主題を、『論文の書き方』[清水

3　斎藤美奈子は「文章読本」という四字熟語を発明し、文章指南書の書名とした最初が谷崎潤一郎の著作であり、やがて「読本」の語は「初学者むけの入門講座」ほどの意味で広く使われるようになったと述べている［2002：5］。それ以前に文章の書きかたを指南する本が「掃いて捨てるほど」あったにもかかわらず、なぜ谷崎本だけが今日まで最初の古典であるかのように生き残ったのか。その理由を、戦後作家やジャーナリストたちによって書かれた文章指南の書物が、谷崎の「文章読本」を強く意識し、そろって言及したからという後世からの歴史効果に見ているのは正しい。

1959]『学術論文の技法』［斎藤 1977］『論文作法』［エコ 1991］と題さざるを得ないゆえんである。

　近代社会における高等教育の普及は、論文やレポートの書きかたを説く実用書が学生にむけて商品化される場を拡げた。この本に期待される効用も、おそらくその延長上に位置づけられるものだが、ただ実用をねらうだけでは楽しくない。「論文を書く」という現象それ自体にも、歴史社会学的にアプローチしてみたいと思う。

国語の辞書が開いてくれる手がかり

　冒頭の出発点にもういちどもどる。

　ここでの目標は社会学の「論文」であり、その「書きかた」である。だとすれば社会学を学ぶ人が、書くことを求められている論文とはなにか。それはいかなる形と実質とを備えたものでなければならないか。目標としての成果物に要請されている規準から、自分のなすべき課題を考える実践は、方法的思考の第一歩である。

　「論文」とはなにか、その理解の実態をあらためて問おう。

　そもそも、いかなる特質をもつ「書かれたもの」と考えられているのか。

　その単語の意味するところを調べるのは、人文学の定石である。「論文」ということばについて、われわれはどんな知識を共有しているのか。まずは調べてみよう。

　一般に広く知られている意味を知るためには、まず手近

な辞書を引いてみるのがよい。もっとも、この便法には落とし穴がある。戸田山和久の軽妙洒脱な『論文の教室』を読むと、「○○とはなにか、広辞苑で調べてみると……」と始まる論文は、ほとんど失敗作だという［戸田山 2002：20-25］。鋭い指摘である。今日であれば、この批判の「広辞苑」の位置に、インターネット上の共有事典「ウィキペディア（Wikipedia）」がおさまるに違いない。

　なぜ失敗することが多いのか。

　簡潔な説明をたよりきって引用し、そこで<ruby>な<rt>・</rt></ruby><ruby>に<rt>・</rt></ruby><ruby>か<rt>・</rt></ruby><ruby>が<rt>・</rt></ruby><ruby>わ<rt>・</rt></ruby><ruby>か<rt>・</rt></ruby><ruby>っ<rt>・</rt></ruby><ruby>た<rt>・</rt></ruby>ような気になってしまいがちだからである。あとにつづく展開が生みだされない。国語辞典は、ことばの意味について公正で網羅的な説明をしようという努力の結晶である。中立的で標準的であればこそ、見慣れた常識にからめとられて、思考の動きのない行きどまりに陥りやすい。

　しかしながら、それなら辞書を引くな、自分で意味を考えろということか[4]。その戒めも短絡であり、そもそも道理にあわない。調べること自体は、いかなる意味でも価値のない実践ではない。そして手がかりとしてなら、その内容が良かれ悪しかれ、あらゆる辞書が役に立つ。われわれはいつも、ことばの意味を明確に意識しながら使っているわけではないから、あらためてその内側をのぞき込んでみ

---

[4]　できることなら新旧を取り混ぜて、複数の事典・辞書を引いたほうがよいと私ならアドバイスする。外国語の辞書を参照するのも、存外な発見がある。ともかく1つだけを引いて、調べた気になることが怠慢である。

れば、気づかなかった発見もあるだろう。正確に考えよう
とするとき、そのことばに内在している意味の位置をきち
んと確かめるのは、出発点づくりの基本である。

　ともあれ、『広辞苑』[5]を引いてみよう。百科事典的な拡
がりをもつ家庭必備の辞書として、1950年代以降広く世に
受け入れられた分厚い一冊には、どう書いてあるか。

　「論文」は、次のように説明されている。

①論議する文。理義を論じきわめる文。論策を記した
　文。
②研究の業績や結果を書き記した文。「卒業一」「学位
　一」

　対象とすべきものを、言いかえてうまく規定できた気が
するかもしれない。辞書を引くことは不思議にも、どこか
反省的な作用がともなうものだ。その分だけ、ちょっとわ
かったような気分になる。

　なるほど、第1の意味で解釈されているように、論議
（問答）や理義（道理と正義）、論策（対策を論ずること）と
いう要素は、論文に必要だろう。第2の意味は、その問答

5　ここで引いた『広辞苑』は第四版（1991年改訂）である。第一版は
昭和30年（1955）に成り、現在は第七版（2018年改訂）が流布してい
る。「論文」の語義の説明について、すべての版を比較したわけではな
い。自分のコンピュータに入っている第五版（1998年改訂）が同じ説明
であることは確認した。

とは光をあてる場所が違っている。論の有無よりも、研究公表の手段としての側面が強調されている。

さてこれが、ウィキペディア（ja.wikipedia.org/wiki/論文）になると、どう書いてあるか。冒頭の定義部分と覚しき説明には、次のようにある。

論文（ろんぶん英：paper）とは、学問の研究成果などのあるテーマについて論理的な手法で書き記した文章。

形としては、広辞苑の①と②の要素を１つの文のなかに接合した説明である。しかも主軸を②の研究の成果という、より新しい意味のほうに置いている。そのために①があえて強調している「論」や「議」という実践の固有の強調がうすらいでいるともいえる。今日的な意味の説明としては、このほうが包括的で簡潔に定義しているような印象を、現代の多くの国語使用者はもつかもしれない。

しかし、この印象としてふさわしいかのように思える包括性こそが、国語辞典で意味を調べてしまうことの落とし穴である。

国語辞典の説明の限界

国語辞典には、目指すべき説明をめぐる固有の規準がある。クセといってもよい。

国語の辞書は、時代とともに動いていく社会のことばを、その重なり合いの外延においてとらえようとする。つ

まり意味の拡がりのもっとも外側の輪郭を、包括的に押さえ、なぞろうとする傾向がある。その結果、ことばの意味の説明の中心は、その表現がもともと工夫されて生まれた場所から移動してしまう。使いまわされた用例をふくむ、より広い範囲を押さえようとするために、意味の拡がりの輪郭が変わり、中心もまた移動していかざるをえないのである。

　もちろん、辞書づくりの専門家たちは、ことばにきざみこまれた歴史の重なりをけっして軽視していない。歴史的社会的に蓄積されてきた複数の意味の結び目を、①②③といった記述の工夫で分類し弁別しようとしている。一文にまとめてしまったウィキペディアの解説は、その点でじつは辞書づくりの素人の語釈であり、フラットであるという意味において現代的である。

　どれだけ自覚しているかは不明だが、「論理的な手法で」という説明の短い一句のなかに、『広辞苑』が示唆していた論議や論策の具体的な特質がくるまれてしまった。すなわち、論ずることの特質や、理義を究める意義や、策を提示する事例などの区別されるべき諸要素が、この一句に溶かしこまれてしまったのである。その分だけ、じつはこのことばがはらむ、意味の相対的な複数性が見えにくくなった。この辞書だけを引いた人は、その歴史性の欠如に気づかないだろう。

　さらに国語の辞書づくりという職人的な実践それ自体に、説明をめぐる禁欲[6]のような制限がある。国語の辞書

ゆえにあくまでことばの説明に留め、そのことばが使われている歴史的社会的な「場」のありようまでは、踏み込んで解説しようとはしない。簡潔さをめざす説明にとって、触れるべき範囲の拡大は、冗長にむすびつく危険な親切だからである。しかし、社会学を学ぼうとする者からすれば、そこに不満が残り、必要とする知識の足りなさを感じる。

　たとえば、論文の意味の②の研究論文、すなわち「卒業論文」や「学位論文」だが、学生なら書きまとめたところで終わりではないことは、だれもが知っている。提出されて、必ず評価されるからである。「小論文」や「投稿論文」も、同じく書かれたところで終わらない。現実の社会では、論文は必ず審査される。できあがりが採点され、その価値が評定される。それが学校教育という枠組みのなかでの、あるいは入社の選抜や資格試験のなかでの「論文」の必然である。しかし論文が制度的に審査され評価される対象であることについて、どの国語辞書も明確には言及していない。微妙だが、その説明は国語学の領域ではなく、社会学の領分だと思われているのであろう。

　書きまとめるだけでなく、それがだれかに評価される。その前提で書かれた文であることは、辞書には書かれてい

──────────────

6　ことばの意味それ自体は、実際の使用例を踏まえてなるべく簡潔に記すという説明への禁欲。前述のように、用法を分類しつつ箇条書きに整理する流儀もある点では職人としての匿名性のなかで生まれている。しかし、それはウィキペディアの無署名性とは異なる。

ないが、見落としてはならないかなり重要な論文の特質である。

「論文」を支える3つの形式・条件

　さて、以上の考察を踏まえて、目指すべき「論文」の特質はどのように論じられることになるだろうか。3つの視点を挙げよう。

　第1に指摘すべきは、それが形式としては「論」と「文」との組みあわせであるということだ。

　形式は外在的なものだと思われるかもしれない。しかし文体（文章の体裁）としての特質は、思いのほか本質的である。「論」には、前述の「論議」や「理義」「理非」の内実や、その解釈がふくまれるだろう。そして「文」としての考察は、論文が書くことと深くむすびついた文字の文化の産物であること、人間の認知や思考の様式に生みだされた革新と密接にかかわっていることを指ししめすはずである（→第3章）。

　もちろん、ここでいう形式は、内容のもつべき一定の特質をも規定している。つまり第2に、論文とは「問い」が明確に提示され、それに対する「答え」の案の是非が検討されている文でなければならない（→第4・5章）。すでに語の意味の検討で言及した「論策」は、まさにこの答えであるという位置をしめす。しかも、その解だけでなく、問いの立てかたや論議の進めかたに、自分の意見や立場が明確にあらわされていなければならない。

もちろん自分の意見や立場の表明を、ことさらに狭くとらえることはない。「対策」「解決策」が明示されなければならないとだけ固定するのは、過剰であろう。自分の主張が「価値判断」として押し出されていなければならない、というわけでもない。次章でもうすこし詳しく論ずるように、新たな問い、すなわち新しい問題設定を明確に提示することだけにしぼっても論文は成り立つ。

　この「問い」は問題とも主題とも言えるが、別な表現を選ぶなら「謎」である。つまり、論文は謎解きの物語である。できごとの詳細な描写と、正しい犯人（要因）捜しの筋立てを有し、証拠に基づいて説明を組み立て、できごととしての事件を解明するという内容をもつ。

　そして第3に論文は、他者によって審査される文章である。その論の是非や謎解きの妥当性が、他者から評定される。この特質も不可欠の条件である。この他者は、一般的には読者である。具体的にはレポートの単位を認定する教員であり、学位を審査する専門研究者である。

　ただ現実に存在する個人や組織による評定だけに、この枠組みを限定する理解は、即物的にすぎる。話し言葉（声）による議論の対面性に比して、書き言葉（文）としての論文は、相手の存在の直接性からは切断されている。孤独である。だから論文における評価者も、直接性からは切りはなされている。その主題の領域を研究している者の集合であって、どこに存在しているかもわからない、抽象的で公共的な存在であってもかまわない。むしろ、そのよ

うに一般化された他者による適否や優劣の審査のほうが本質的であるととらえるべきだろう。

　ポイントは、書き記されるだけでなく審査されるという事実であり、その主張や論証の適否が公共的に裁定されることを前提に書かれるというメカニズムである。その結果、その論文の発見が正しい知識として、あるいは重要な認識として、認定され共有される。そうした公共性もまた、見逃してはならない論文の目標である。

第2章 「論」と「文」の結合
：論文の形式

　前章に述べた「論」と「文」の結合について、もうすこし角度を変えて分析してみたい。

　ある対象を定義しようとするとき、そうでないもののほうから考えるのも有効である。すなわち対立する概念の検討から、対象との境界や見るべきものの輪郭を描きだす。これは、ことばのもつネットワークとしての性質を利用することだ。それは概念の特質をさぐりだすひとつの戦略となりうる。

論文の宛先：手紙や日記との違い

　たとえば論文は、「手紙」ではない。

　近代の手紙は個人から個人にあてた便りとして[7]、業務の用件や私的な思いを伝える。論文との大きな違いは、文の宛先となる他者の形式である。

7　もちろん手紙には、もっと制度的で組織を代表して書かれるものもある。近世以前には証文としても使われた文書の形式だが、私的であるか公的であるかを問わず、具体的な他者を宛先に用件や心象を伝えるためにあらわされる。

論文は、まずほとんどの場合、ひとりの特定の個人に向けて書かれたものではない。そこに集まった不特定多数の聴衆に話しかける演説と同じように、多くの公衆にむけたものである。不特定多数であるだけでなく、その人たちには会ったことも話したこともない。さらに、この相手がいかなる知識を有しているか、それもわからない。

　つまり宛先として思い描かれるのは現実的な他者ではなく、想像された虚構の公共的な読者である。この宛先、すなわちことばの届け先の虚構性と公共性とは、じつは論文という文体がもつべき固有の特質と深く呼応している。

　ひとは多くの場合、無意識に使いわけているが、ことばの話しかたには、その場にあわせたさまざまな作法がある。同じように、文にも相手や状況によって、さまざまな書きかたがある。それぞれの文の様式を規定している要素の重要なひとつが、ことばの届け先すなわち宛先であり、その受け手と発し手のあいだの関係性である。

　声であるか文字をつうじてであるかの別を問わず、また具体的であるか抽象的であるかの違いを問わず、ことばにはかならず発し手があり、受け手が存在する。ただ受け手がつねに、同じ空間を共有し、そこにリアルに存在しているとはかぎらない。なかには「日記」のように、発し手がそのまま受け手である場合もある。一般に、ことばは発し手と受け手の関係や位置によって述べかたが異なる。文もまた、その書き手と読み手との関係性において、適切とされる書きかたは変わってくる。

だとすれば、論文とはいかなる関係性を前提とした、どのようなことばの実践として、社会的に規定されているのだろうか[8]。

筋道立てて述べる：正しいと思うことを言う

　用いられている漢字は、ひとつの手がかりである。

　遠い古代に中国から輸入され日本語を書くのに使われた漢字は、一字でその事象の特質をあらわす表意文字であった。人間のものの述べかたについて、漢字はするどく、その多様な特質を区別している。個々の漢字に刻みこまれている、相手との関係や文体の特色の類型はなかなか興味ぶかい。

　たとえば〈奏〉という述べかたは、上つ方（身分の高い人びと）に向かって申し上げることで、逆に〈令〉は部下や配下に言いつけ命じることを意味する。〈叙〉はものごとを順序だてて述べ、〈評〉はよしあしの品定めをふくみ、〈表〉が自分の心のなかにあるものを外に出すことを淡々と指すかたわら、〈記〉はありのままに書きとどめることを意味した。一方には、やや強い姿勢をともなうことばの発しかたもあって、〈断〉はこうだと決めつけるこ

8　このあたりから、じつは「論文の書きかた」を考えるにも、すでに社会学のまなざしが必要になる。文章の良し悪しの外側に存在する関係性への注目をふくむからである。書き手と読み手の社会的なありよう、書く動機の存在、書かれた文章の宛先、書かせる場そのものの構造などを考察することは、すでに社会学の実践である。

と、〈諫〉は目上の間違いや不正を指摘していさめること、〈檄〉は決起をうながすアジテーションのもの言い[9]であった。

　論文の〈論〉は、「筋道を立てて述べる」「事の理非を主張する」という特徴をもつ、ものの述べかたである。

　作文の指南書[10]などを見ると「論とは議なり」ともある。〈議〉は、よろしいという意味の「宜」とも近く、もともと自分が正しいと考えていることを指す「義」に由来する。すなわち、これに動詞を暗示する言偏をつけて、「正しいことを言う」を原義としている。人間は社会的な動物なので、それぞれが正当だと思うことを出しあって話しあうこと、すなわち協議や合議を強く含意するようにもなった。

　すでに忘れられているが、われわれがいま「論文」と称している文体は、かつて「議論文」とも「論説文」とも呼ばれていた。論説という熟語に使われた〈説〉も１つの特色ある述べかたであり、自分の意見として正しい意味をあきらかにすることを指す。そのあきらかにするプロセスには、相手の疑念・疑問に対する答えの提示としての〈解〉や、わかりにくい事柄を解きほぐして述べる〈釈〉のスタ

9　もともと木札による軍の召集に由来し、戦いに向けた扇動を意味する語であったが、最近は激励の意味で拡大使用されているらしい。

10　池田蘆洲『帝国作文全書』（圭文堂、1891）に「論とは議なり。また綸なり。群言を弥綸［全体を包括すること］して一理を研〈みが〉くものなり」［：6］とある。

イルもふくみこまれている。

「あげつらう」の変容：正しいと思うことを挙げつづける

　漢字からだけでなく、国語化した「論ずる」の意味も検討すべきであろう。こりずに『広辞苑』を引く。

①事理［事柄とその道理］を説明する。また、物事の是非をただす。
②言い争う。議論する。あげつらう。
③とりたてて問題にする。

　ここでもおそらく①筋道たてて説明する、是非をただす→②たがいに言いあらそう→③問題にする、というふうに、意味の外延が歴史的にひろがっていったのであろう。

　関連しておもしろいのは「あげつらう」という動詞に刻みこまれている含意の変容である。もとは「論じ続ける」「物事の理非をあれこれと言い立てる」の意味で、負の意味あいはなかった。明治24年（1891）に成った大槻文彦の『言海』には、「論」を「アゲツラヒ。事ノ理ヲ述ブルコト」と説明してあって、否定的な印象がうすい。

　しかしながら現代の日常的な使用での「あげつらう」は、些細な問題をことさらにとりたてて指摘する行為を指し、その行為には相手の批判というマイナスの印象が強い。また「あげつらう」という当の行為それ自体の評価にも、気にさわり適切ではないという明らかな非難が込めら

れるようになった。

　もともと「つらう（つらふ）」は、一緒におこなうという意味の「つる（連る）」に、継続状況をあらわす助詞の「ふ」がつながったもので、行為や状態が続いていることを意味するにすぎなかった。一方の「あげる（挙げる）」は、論拠や事例を提示することで、動詞と助詞をあわせても、強いて批判の意味がやどるとも思えない。しかしながら、現実に論ずることは道理や正義を主張しあうことでもあった。理非や是非を明らかにすることが課題であればこそ、言いあらそいは避けられなかった。おそらく論ずるなかで生まれた対立ゆえに、負の意味あいが強められていったのであろう。

　述べかたそのものが、他者に対する感情的な評価を巻きこんでいく。その微妙さはわからないでもない。今でも、論争が人格的なののしりあいになってしまうこともある。なにも明らかにできないまま、論議が悪口雑言でにごっていくのは苦く、やるせない。

　本題にもどる。

　論文とはなにか。「論」「議」「説」という漢字に蓄積された意味を重ねあわせて考えると、論文という文体には、「１つの問題に対して、もろもろの説の理非を検討する」という論理的構築の持続的な実践と、「筋道立てて正しいと思うことを述べ、わからないことを明らかにする」という明晰さが要請されていることがわかる。

〈声〉の状況依存を超越する〈文〉

　結合のもう片方の側面、すなわち論文が〈文〉であることも、当たり前すぎて見過ごしてしまうかもしれない。けれども、じつは重要な意味をになっている。

　この「文」は、〈声〉と〈詩〉という、異なる2つのカテゴリーと対比させられるだろう。「文」は、音として現象し耳で受けとめられる「声」のことばではない。「文字」に書かれて、目でとらえられることばである。またことばの響きやリズムを使いこなして織りあげられた「詩（韻文）」に対して、字数や音節数による制限をもたない自由な「散文」を意味する。「散文」は音のもつ韻律によってではなく、ことばに組み込まれた意味の結び目を、論理でつなげるようにして編まれていく。

　論文は、先に述べたように、不特定多数の読み手としての公衆に向けられて書かれる。そしておもしろいことに、文字媒体の書かれたものであることが、その文体に声とは異なる新たな「論理」の特質をくわえている。

　対照的な「声」のほうから、そこに内在する論理の特質を考えてみよう。オングは名著『声の文化と文字の文化』で、声としてのことばにもとづく、声の文化の「思考と表現」の特質を、以下の①から⑨の9つに整理している[Ong 1982 = 1991 : 82-124]。

　声の論理は、表現として①「累加的 additive」である。つまり主節／従属節（名詞節・関係節・副詞節など）といった複文の組織的な構造をもたずに、並列的・継起的につな

がっていく。それは「決まり文句」をつうじて保たれた意味の積みかさなりやまとまりに依存している点で、②「総計的 aggregative」である、ともいえる。さらに、そのつど消える声の文脈をひきとめておくために、論理の筋道からすれば冗長なくりかえしも多く、③「多弁的 copious」である。声による表現では、ことばはその場で消えてしまう。だからこそ定型化した決まり文句のくりかえしが、効果的な強調となって、耳にはわかりやすいという結果をもたらす。

　それは内容の面で、④「保守的ないし伝統主義的」であることと結びつきやすい。たんに声による表現が、累積的な意味のまとまりやくりかえしに依存しているからではない。むしろ声の説得力が、⑤「人間的な生活世界への密着」つまり、それぞれの身体が配置されている生活のリアリティに根ざすものだからである。声では、述べた全体をリストのような形で見渡すことはできない。時間とともに声は消えてしまうからだ。

　リストや表は、紙に記され目でとらえられてはじめて、その対象の一覧性が生みだされる。だから声としてのことばの内側にあって、全体に散らばっている事実を統計のような形で理解するのはむずかしい。図表のような相互の位置の関係性において、その分布状態を見わたして把握することは困難である。むしろ別な方法、すなわち生活世界にすでに慣用句として、あるいは常識として成立している実感やリアリティに訴えるほうが、説得力をささえる。

それゆえ、ここに込められた表現や思考の特質は、「声」の場の関係性すなわち現場性を内包している。オングが指摘する、たがいに競いあう⑥「闘技的なトーン」とは、声の宛先であり返し手でもある存在の具体性に由来するものであろう。音声のやりとりの力学が、ことばで相手をやりこめようとする闘技性を増幅し、熱のこもった叙述を昂進させる。あげ足とりやあげつらいが生まれやすいのも、この対話性ゆえである。それゆえにこそ、そこでの思考は、一方において⑦「感情移入的あるいは参加的であり、客観的に距離をとるのではない」と指摘されるような距離のなさ、「共有」「一体化」が前面にあらわれたりもする。

つまり声の文化のもとでの論理構築は、現在を中心にしてすでに成立している了解に基礎をおく⑧「恒常性維持的homeostatic」なものであって、⑨「状況依存的situational で抽象的でない」と、オングは分析し整理している。

逆にいうと、文字の文化すなわち「文」に書くことは、こうした状況に依存し現況を維持するような特質を切断し、打ちやぶる変革力をもつ。また全体を見わたして組織的に把握する力も、この切断をささえている。巻きこまれない距離に冷静にあればこそ、全体を突きはなして再組織化することができる。

それは、新しい意味世界である。第1に冗長さや無駄なくりかえしを添削して、筋道だった簡潔な構成を生みだす

ことであり、第2に身近な実感の累積に依存しての説得ではなく、事実の観察や証拠の提出にもとづいて論理による説明を組み立てることであり、第3に対象と一体化したり代弁したりする主張の力強さではない、正しさの説得における冷静な距離すなわち客観性ともいうべきものの成立によって、声の論理が生みだす意味世界と区別される。

「謎かけ」と「謎解き」

　「問いと答え」という論文のもうひとつの条件については、別な章であらためて論ずることとして、「文」すなわち書くことが生みだした「問い」の質の大きな変容に触れておこう。

　オングは、声のレトリックにおける「謎かけ」について分析している。この一節は、論文が必要とする「問い」「問題」を考えるうえで、たいへん示唆的である。先に指摘した声の文化と文字の文化の思考様式における違いを、象徴的にあらわすものだからである。

　声の文化においては、ただたんに「兵士」「王女」といわずに、「勇敢な兵士」「美しい王女」など、くだくだしいながら強められた表現が好まれる。「樫の木」といわずに「頑丈な樫の木」とつなげ、「きれいなきれいなお姫さま」とくりかえすのは、声の説得力が前述のように累積した伝承表現に強く依存しているからだ。だから、声の文化のなかで「樫の木はなぜ頑丈か」と謎かけの形で問うことがあっても、それは樫の木はそうしたものだという理解を再確

認するためであるという。

　つまり「謎かけ」は、たしかに「問い」の形式を踏んではいるものの、「疑問」の提出ではなかった。既存の確信への回収がすでに予定され決められている「問いかけ」だからである。ほんとうにその根拠を疑い、樫の木の強度を検証しようという動きをはらんだ疑問ではない。この違いは微妙なもののように見えるかもしれないけれども、決定的な転回である。

　オングが正しく指摘するように、「書くというシステムなしに、思考を分解する、つまり分析するということは、きわめて危険の大きい作業である」[Ong 1982＝1991：88]からだ。なぜなら分析とは自分をそれまでささえていた常識を手ばなすことである。仲間たちとともに共有していた知識のつながりをいったん切断して、その正しさの根拠を問うことだからだ。かつての常識やつながりが、もういちど正しいものとして、あるいは頼るべきものとして再確認されるのかどうかは、保証の限りではない。懐疑論や不可知論の扉をも開き、自己の解体にもつながりかねない危険性をもつ。

　だから「謎かけ」と「謎解き」とは違う。

　要するに謎かけは正解が隠されたクイズの娯楽にすぎないが、謎解きは正解が決められていない探究課題と向かい合う主体の取り組みであるからだ。

　そして、論文は「論」と「文」との結合が生みだす分析の文体であり、謎解きの実践なのである。

第3章

〈文〉で論ずることの厚み
　　　：読む対象／知る方法

　もうすこし、〈文〉についての考察を深めておこう。

　「論文」もまた「文」であるからだが、それだけではない。

　「文」は、ことばを素材にしている。そのために、ことばの媒体_{メディア}としての力を内蔵している。そして「文」は、論文を書く上で大切な、多様なはたらきを顕現させている。

読む対象としての「文」

　「社会学」は新しい学問のように思われるが、意外にも古くから文学部で教えられていた[11]。

　しばしば誤解されているが、文学部は「文学」作品を、研究して論文でも書く「部」すなわち同好者の集まりではない。文字をたどれば明らかなように、この組織は「学

11　最初の大学として東京大学が設立され、法学部・理学部とともに文学部が生まれた翌年度の1878年（明治11）に、政治学理財学教授のお雇い外国人であったフェノロサが「世態学」を講じたのにはじまる。大学に講座制が導入された1893年（明治26）、帝国大学文科大学に社会学講座が設置されたこともあって、日本では文学部に社会学専攻が置かれることが多い。

部」としてみると「文」を研究するところである。

そこでいう「文」とはなにか。いくつもの辞書を引いて連想を拡げると、ものの表面にあらわれた模様である。文字である。ことばである。あや（入り組んだ仕組み、いいまわし）である。媒体である。テクストである。筋道である。命題である。書かれたものである。

「文」を読み、解き、使い、編む。その力を育成し、可能性を探ることが、この学部での教育研究の基本であった。

おもしろいことに、じつは紙に書かれた文字のつづりだけが「文」ではなかった。人間はさまざまなところに、「文」をみた。望遠鏡で天空をのぞく「天文学」の名づけは、天に記された「文」を読み解くという発想にもとづく。地学の総称に置き換えられてあまり使われなくなったが「地文学」は、化石を考察する古生物学から地質学・地形学までにひろがる地球にきざまれた跡を読むことを指した。また、河川湖沼や地下水など陸に存在する水の動態を、総合的に研究することを標榜する「水文学」もある。

こうした自然の痕跡を読む実践への拡大をすなおに受けとめられる素地も、書物空間での解字説文のリテラシーの成立がはぐくんだのだろう。「人文」とは抽象的にいえば、「人」がさまざまな媒体にきざみこんだ「文」の総体である。あえて「さまざまな媒体に」を強調するのは拡張ではなく、長い伝統[12]の確認である。その意味で「人文知」の営みのひとつである社会学は、社会という読みにく

いテクストを解読する実践であったのである。

　そこでの「文」は、つまりは徴（しるし）の集積であり、印（しるし）の組み
あわせによって浮かびでる意味のあらわれである。しかし
込められた意味も、隠されている意味も、重ね書きの羊皮
紙や虫食いの文書のように読みにくかったりする。

　だから「文」はまず、解読すべき謎として、読みにくい
暗号として現れる。

記す手段としての「文」：対象を立ち上げる

　解読すべき暗号として、「謎」めいてそこにあるだけで
はない。

　「文」は、それをつうじて対象のありようを記述し、み
ずから説明する。そこにいかなるかたちで存しているの
か。それを文章で説明することは、直接に見たわけではな
いひとに、対象のイメージを立ち上げる。あるいは、どん
なできごとで、どんな感じなのかを描写することで、経験
として共有したわけではない現象のありようが伝わる。つ
まり、「文」は対象を記述し、その「文」のなかに対象を
再現する。

　清水幾太郎の『論文の書き方』に、書くことや読むこと
の媒体性（メディア）を、身体的な直観の「直接性」と対比している一
節がある。個体としての身体は、たとえば美しい花がそこ

––––––––––––––––––––––––––––––

12　土に埋まった遺跡も、美術品となった像や絵画も、信仰の集まる聖
遺物も、大震災を生き延びた町も、心そのものである心理も、集団の仕
組みとしての社会も、すべてこの学知の対象であった。

に咲いていることを、見たとおりあるがまま、感覚の直接性で一挙に把握する。しかし、この直観は身体的な個別の経験でしかないので、別な身体には共有されない。同じところに居あわせていなければ、花という対象それ自体はそこには存せず、それが美しく咲いているという形容の価値判断も内容としては伝わらない。それならば、写真に撮っておくるか、絵画に描いて見せるか、ことばを駆使して状況を描写するか。清水は、その媒体性の差異をおもしろく説明している。すこし長いが引用しよう。

「整理すれば、一つの極端に写真が立ち、他の極端に文章があって、両者の中間に絵画があることになる。写真では、制作者も享受者も全体を一度に見る。絵画では、制作者は根気よく時間的過程のうちを歩むが、享受者は全体を一度に見る。ところが、文章では制作者も享受者も一緒に時間的過程を歩いて行かねばならぬ。書く人間も一字一字、一語一語、一句一句、書いて行かねばならないし、読む人間も、同じように、一字一字、一語一語、一句一句、読んで行くほかはないのである。前に触れた、書物の頁をパッと見て、サッと判る、というのは、このもどかしさに堪えかねた読者の願いではあるが、実際は、そうは行かない。制作者も享受者も気の長い時間的過程を静かに歩いて行かなければならぬ。」[清水 1959：101-2]

もちろん制作者である書き手と、享受者である読者とが

歩む「時間的過程」は同じものではない。長さも内実も場所も気分も、それぞれに異なる、まったく別な時間だ。しかし、このことばとしての「文」の媒体性をつうじて2つの時間は呼応する。対象そのもののありようが記述され、現象として起こったことが伝わるように解説される。ここがポイントである。

　すなわち「文」は、われわれの対象に対する理解を、説くことをつうじて立ち上げる。解読すべき謎としてあるだけでなく、そこで起こっていることを説明し、事実を解説するものとして、「文」はある。

主体もまた織り込まれている

　忘れてならないのは「文」が、読む対象であると同時に、知る方法でもあったことだ。読むことだけを強調すると、知ることや考えることや書くことの意義が見えにくくなる。なによりも、主体の方法として働くという、「文」のもうひとつの本質がとらえにくくなる。

　「文」は物質ではない。紙に書かれたり印刷されたりして、対象として人間の精神の外部にあり、人間の心から切り離されて存在するかのようにみえるものの、物体のように独立した客体[13]ではない。なぜなら、「文」をつくりあ

13　文字は物体ではないにせよ、精神から切り離されたモノではないかと言いたくなるかもしれない。しかし、文字もここでいう物質ではなく、現象である。現象と関連づけられた記号媒体として、文明の技術となり、その精神の枠組みをつくる。

げている素材が、「ことば」だからだ。「文」は解読の対象であり客体であると同時に、そこにはそれを書き読む主体も織り込まれている。これが「文」のあつかいにくい面倒な特質であると同時に、不思議でおもしろい力をもつゆえんでもある。

　コントの実証哲学の議論にさかのぼるまでもなく、社会学の固有の対象である社会は、天文学や物理学や化学のような自然科学の対象と異なっていた。主体の認識からはまったく切り離され、独立した現象として、対象となる「社会」があるわけではない。社会は人間がつくりだす関係性であって、そのありようをささえている秩序もまた、意味世界としての固有の性質をもつ。その点では、人間がつくりだした文化である言語すなわち「ことば」と、じつによくその特質というか存在形態が似ている。

　社会学において、研究する主体が認識しようとする対象をさしあたり〈社会的なるもの〉[14]である、と指ししめしておくことにしよう。この主体と対象とのあいだ（＝関係）は、自然科学とはだいぶ異なる。「主体と客体の独立」および「主観性と客観性の区分」ともいうべき、「主／客」のいわば二重写しの分離が、無条件の前提にはできないからである。相互依存的で相互反照的な関係を、主体と対象とのあいだに設定せざるをえない。「文」の存在形態はまさしく、その関係構造そのものを反映し、表象して

14　もちろん「社会的事実」といっても「社会問題」といっても「社会現象」といってもかまわない。

いる。

　「文」は、ことばでつくられた意味の小宇宙である。人間という動物は、そこから先人たちの思念を引きだし、あるいは他者たちの願望を読むことができる。まさにその点で、主体の思いというか認識がきざみこまれた対象として、そこにある。

意味のありか：経験としての「文」

　しかし、意味としてつかむべきものは、いったい「文」のどこにあるのか。要素に分解してもわからない。かといって、そこで使われている語のすべてを、まとめて調べればよいか。それでも足りないだろう。使われていないことばの存在や位置も、そこに作用しているからである。ことばは、体系性をもつ蓄積として、ネットワークのような網の目として、位置という値をもつ事象としてそこにある。

　意味は、語と語との関係において、また主体と語との関係において、さらには語をはさんで向かいあう主体と主体との関係において、そこにあるのだという言いかたがふさわしいだろう。つまり、主体と媒体の多重の関係構造のなかで、重層的に決定されて、その「文」のなかにある。

　すこし複雑でややこしい言いかたのようにひびくが、別にとりわけむずかしいことではない。だれでもが幼いころから、共通に経験している「ことば」のありようであり、その身体経験に作用しているメカニズムである。

　たとえば常識では、「文」を構成しているのは一つひと

つの「語」（単語）で、そこが意味をもつ単位であるかの
ように感じられる。しかしさぐっていけばすぐにわかるよ
うに、語の意味は他の語との位置関係のあらわれにすぎな
い。意味は「文脈」すなわち「文」の続きぐあいに依存す
る。また発し手と受け手との関係にも依存する。

　こうしたことばの意味の経験的なメカニズムはじつは、
「自己」の意識のありようとも似ている。社会学的な「自
己」の意識や存在のありようも、他者との関係のなかでし
か立ち上がってこないものとして解釈しなおされているか
らだ。

　「意味」のありかと思われたところには、「単語」も「自
己」もほんとうは存在しない。ただ「関係」の結び目を示
唆する、現象としてのあらわれだけがある。

　であればこそ「文」は、ことばで編まれた関係のあらわ
れとしてしか存在していない。そこにふくまれた意味の認
識は、認識するという実践のなかにまで作用する、多重の
関係構造の自覚化を要請する[15]。正確に対象化しようとす
ると、こんなにもややこしく説明しなければならないこと
ばを、ひとはいともかるがると経験として使いこなし、そ
れほど苦労せずに理解しあっている。

　だから、ことばは不思議な道具である。

15　そうした「文」としての分析の徹底は、哲学者たちがこだわる、認
識論の反省的な基礎づけ問題をも提起するだろう。

主体をも生成させる：知ることの創造

　ことばの編みものである「文」は、読む対象という存在形態だけにもとどまらない。それは、主体をも生成させる。

　読む主体、知る主体もまた、なにものにも根拠づけられない超越的で先験的で絶対的な存在ではない。ことばに根拠づけられ、ことばに満たされた空間のなかで、ことばにささえられればこそ、他者に承認されうる主体として生みだされる。読むという実践とともに、知るという実践とともに、主体があらわれる。その理解を伸ばしていけば、書くという実践とともに生まれる主体もあるということになる。

　主体があらわれる「場」として、ことばを理解する。その特異な視角は、対象を操作するためだけの記号情報として言語をとらえようとする立場と、徹底的に異なる。言語を記号としてとらえ、私たちの人工による媒体とわりきってあつかえば、人間の生活世界の見とおしがよくなるかというと、私はそうは思わない。そもそも「文」の実態の正確な解読ができるかどうか、心もとなく思われる。なによりも、ことばにはもうひとつの身体としての不思議さがある。そこが見落とされるのではないだろうか。当然ながら、ことばの一形態である「文」にも、その特質は投影されている。

　「ことば」が生みだす意味空間のなかで、人間がいかに主体として自らをつくりあげてきたかをふりかえっておこ

う。

　まず、人間固有の文化の発展は、「声」の共同体の構築から始まった。先史人類学者のルロワ・グーランが想像力ゆたかに論じたように、直立歩行する身体という器官（オルガン）は、ほかの動物たちが発する音波とまったく分節化の水準が異なる「ことば」の生産、すなわち「声」の獲得を可能にした。その声は、社会と呼んでよい関係性を織りあげる基礎をつくった。声は身体的な現象であり、自分の耳と相手の耳とを共振させることをつうじて、空間を共有する共同性を創出したからである。人間という動物は、比喩としていうなら「空気の海に浮かぶ魚」のようにして、声によって群れを緊密に組織し、「社会」を発展させたのである[16]。

　おそらく声の段階での人間の社会には、身体から切り離された知識は存せず、歴史もまた声としてのことばにきざみこまれて、記憶として身体に保有されていたにすぎなかった。文字という媒体の発明が、集団の記憶を超えた、社会としての経験や知識の蓄積をそこにくわえていく。文字は身体から切り離された媒体であったが、耳で確かめ、目で追い、手でなぞるなかで、それを使いこなす能力を人間は身体に装備していく。その能力（リテラシー）を使いながら、人間としての新たな段階の文化を創造した[17]と私は考える。

　マスメディアという装置が発達しはじめた近代社会、そ

16　このあたりは、佐藤健二『ケータイ化する日本語』[2012] で論じている。

れが高度に展開した現代社会のコミュニケーションでは、「伝える」ことという達成に注意が傾く。だから、ことばは意思を伝えるためにあるという誤解が特権化されやすい。「文」も同じ誤解に汚染されている。しかし、それは矮小化であり事実誤認である。

　声であれ文であれ、ことばは社会に拡張された身体であった。すなわち、物ならざる意味をつかんで相手に手渡して「伝える」もうひとつの「手」であり、記憶や経験を対象化して検討し編集し「考える」もうひとつの「脳」であり、心ないことばに傷つき温かいことばに癒され、痛みや温かさや強さを「感じる」もうひとつの「皮膚」であった。であればこそ、ことばの交流が生みだすのは、意思の伝達や合意の調達だけではなかった。

　「知ること」と「伝わること」とは、外形は同じ情報獲得の経験に見えて、主体の内面をみたす意味は大きく異なる。それゆえ「考える」や「感じる」の身体水準で起こったことを無視して、情報の移動や転写として同一視してしまうのはひどく貧しい。

　この章が安易に、「文」は情報のかたまりであるという、わかったような一般化で平板に総括しようとしないのは、それゆえである。

17　そこで生まれた「文」が、たとえば古代の哲学であり、数学であり、物理学であり、文学であった。あるいはキリスト教や仏教、イスラム教のような世界宗教の誕生もまた、文字の力が聖典の「文」として織りこまれた社会の段階と無縁ではないかもしれない。

知る方法としての「文」

　ひとに情報が「伝わる」ことと、ひとがなにかを「知る」こととは違う、と論ずる根拠は、知ることが主体的で能動的な実践以外ではありえないからだ。そして、知ることはいつも、どこかで主体の身体経験としての理解が変わっていくことをともなうからである。伝わるだけならば、変わらないこともある。これも次の章でもういちどじっくり論じてみたいが、すでに第2章の文末で指摘したように「謎解き」の出発点となる「問い」が、じつは自己解体の危険をはらんでいることと呼応している。「問い」は、自らを護りあるいは制約する「境界」を壊し、それまでの了解を乗り越えていく動きでもある。

　であればこそ、そこにあらためてもうひとつ、あえて付けくわえておきたい「文」の機能がある。「わからなさ」と対峙する手段としての意義である。

　それは「伝わらなさ」と向かいあう時間の確保でもある[18]。

　そのままではまったく伝わらない。その失望のなかでも、ひとはその届かない現状を感じることができる。伝わ

18　グローバル化の時代において、通訳や翻訳という職能にたずさわる者は、異文化の「声」や「文」の変換それ自体に潜む、困難と歓びとに向かいあわざるをえない。とりわけ同時性が求められる通訳では、通り過ぎていってしまいがちな困難が、「翻訳」という「文」の書き換え行為のなかでは、もっと長引き、さらに深まる。

らなかった理由を考え、その状況にとまどいながらも、あらためて自分のことばを選ぶことができる。わからない、で終わらない。わからないことそれ自体を、見つめて記述する。その輪郭を確かめることは、あらためてわからないという事態そのものを考えることを可能にする。そこに「文」を道具として使いこなそうとするものにあたえられた主体性がある。

　書かれたことばは、対象をコントロールする関係あるいは適切な距離を、主体にあたえてくれる。そして了解が成り立たない不気味な断絶や、未知や不明がもたらす不安と向かいあう、孤独な時間をささえてくれる。

　「文」は、ことばを素材としているからこそ、人間の思考をはぐくむ境界も交流も、場としてつくりだす。もちろん、そこは知ることをあきらめて、言いのがれに閉じこもるための避難所ではない。「伝える」手段としての交流に開かれているからこそ、対象との距離の適切を保ちつつ、他者を知る力を生みだす。

　学問とはけっきょくのところ、「わからなさ」や「謎」と正面からとりくむ実践にほかならない。この探究と思考の共有空間は、ことばをもつ人間という動物に固有のものだ。それは、日常のことばと交流しつつも固有の境界をもつ、研究者のことばによって編まれている。考えるための道具として使おうとするすべての概念が、ことばを織りあげてつくりあげられた「文」の布地に書き込まれた、そのつどの役割をもつ境界線にすぎない。

「文」としてのことばは、こうした書き込みと書き換えの実践である。学問もまたことばによって生みだされ、ことばを新しく生みだし、印刷され複製された書物、すなわち「文」の蓄積として共有される。

学問としての「文」の世界：印刷革命の公共性

　いわゆるルネサンスの近代科学が、グーテンベルクの活字の複製技術とともに析出してくるありさまは、アイゼンステインの『印刷革命』［Eisenstein 1983＝1987］にくわしい。科学史をいろどる天文学や化学や博物学の発見をささえたのが、印刷物が不特定多数の読者に開いた「文」の共有の「厚みのある空間」であったことを、私はこの本をつうじて教えられた。

　私にとってもっとも刺激的だった論点は、「間違い」が果たす重要な役割についてである。

　手書きの写本と異なり、印刷本においては正しいとされる知識だけでなく、間違ったテクストもまた正確に複製され、定着し共有される。いったん印刷された間違いは、改版されるまで常にそこにありつづける。改版されるまで、という言いかたは正確ではない。もし新版の改訂が出されたとしても、元の書物が失われないかぎり、そのテクストの誤りはいつでもかつてあった経験として参照され、なぜそれが間違いといえるのか、あるいはなぜ間違ったのかをあらためて確かめることができるからである。

　アイゼンステインによると［同前：77-8］、中世の『ロー

マ法大全』の教師は、それぞれの部分が法全体の論理とどう関連するのかをしめすことには関心をもたなかった、という。『ローマ法大全』全体を見る機会のあった教師が、法学部のなかですらほとんどいなかったからである。それぞれの部分は「注釈にまみれて足の踏み場もない」ほどに混乱したテクストと化していた、という。それゆえ1553年の『ローマ法大全』の出版は「かなり大きな意義をもつできごと」で、先駆者たちが着手しては挫折したテクスト考証の事業を完成させようとした新しい世代にとって、共有しうるスタートラインをつくった。ある研究者は「単純な原文の誤り」から「時代錯誤的な語句の置き換え」にまで校訂の筆を入れ、さらに「引用語の索引作成」を企てた。索引をつくる工程そのものが実質的に本文分析の訓練になっていた、というアイゼンステインの推定は、リテラシーの当時の特質を考えるうえで重要だと思う。そして印刷物というかたちでの社会への定着は、全体解明への関心と実践とをサポートしたのである。

間違いや矛盾や食いちがいの増加が逆説的に生みだした「累積的な改善」に向かう批判力や読解力の交流こそが、ルネサンスの学問の基礎をつくった。それは印刷という複製技術が生み出した「文」の空間のなかで生まれた探究の場であり、まさに近代の学問をささえた観察と実証の土台であったのである。

そこに正しい（とされる）情報があるからでなく、正しい知識を印刷術が人びとにひろめたからでもない。間違い

をふくむかもしれない複数の情報の比較検討が、印刷によって生みだされた複製の共有によって可能になったからである。その先後や影響や因果の関係をさぐり、その確かさを検証していくことができる、安定した記録の蓄積のなかで探究が可能になるような共有だったからである。蓄積のうえに立ちあがる批判の「場としての共有」こそが、マクルーハンのいう「グーテンベルクの銀河系」だったのである。

インターネット情報の不安定な集積

　そのように考えていくと、新聞では不可能であった最新の言語画像情報を、インターネットならば瞬時に手わたすことができ、電子空間上の百科事典であれば、誤りは気づかれればすぐに訂正され、つねに正確でもっとも新しい知識を参照することができる、という直観が、けっきょくのところ情報重視の「伝達中心主義」的な主張でしかなく、いかに一面的で「現在中心主義」に蝕まれたものであるかがわかる。

　もちろん、私は現在の電子技術とインターネット環境とを、その可能性を考えもせずに、頭ごなしに否定しようと思っているわけではない。500年の印刷文化がさまざまに生み落とした「文」のぼうだいな蓄積を、包括的に引き継ぎうる能力を秘めていないとまでは決めつけていない。さらに真摯に努力するならば5000年の文字の文化の、すべての蓄積の吸収へと、拡大し成長しうる可能性も否定しな

い[19]。論理的に不可能ではないと思うからである。

　しかしながら、ただ黙って眺めていれば、やがて自然に実現するというほどには、その自覚を信用していないのも事実である。むしろ安易な予言をあやしんでいる。少なくとも、いまわれわれが手にしている電子空間は、印刷された書物の集合的な力に比べてなお頼りなく、物体としての証言力も制限された、手ざわりにとぼしくて分厚くない情報空間である。

　これも「文」の現代的なありようだが、その特質はまだまだきちんと論じられているわけではない。確かに見たはずのホームページが閉鎖されて行方知れず、印字しておいた情報と異なることが何の断りもなく掲載されていたりする情報世界が、信用しがたいという実感はぬぐえない。この「ポスト・グーテンベルク」の宇宙は、はたしていかなる共有や信頼を生みだすのだろうか。そこはあらためて論じられてよい課題である。

　すこし寄り道に遠くまで迷いこみすぎたかもしれない。

　この章で確かめておきたかったのは、「文」のもつ多様

19　しかし技術的に可能だという議論を、そのまま社会的に実現できるはずだと論ずるのは、技術主義というイデオロギーである。すべての文字文化の遺産を受け止めうるという大言壮語には、放射性廃棄物の問題のように、人間のいのちの短さをはるかに超える制度や機構の変わらない存続を前提に、管理可能性を説く論議に感ずると同じような違和感はぬぐえない。何億年を論ずるまえに、少なくとも100年ていどはあたりまえに残され、1000年単位を隔てた解読にも有効な紙システムの存在のほうが、まだ経験としてある分だけ実証的に論じられる。

な特質である。「文」は「読む対象」で解読すべき謎としてある、と同時に、「知る方法」という認識生産の手段としてもある。それは対象のありようを説明し、相手に認識させる手段としての役割をはたすとともに、それまでの説明や解釈の失敗を浮かびあがらせ、通念を解体し疑問を生みだす役割もはたす。それは対象をそこに存在させるだけでなく、認識する主体をも立ち上げる。私がここで説こうとしている論文は、じつは説明が生まれる場であり、主体が説得を試みる場である。印刷にはじまる複製技術との出会いのなかで、「文」ということばの形態は、学問という名の「論じる空間」をも生みだしたのである。

第 4 章

主題・問題意識・問題設定
: 問いを立てる（その1）

　さて、論文は「問いと答え」という構成をもつ。「謎」
となるべき問題を提示し、自分なりに「解」を模索してい
く。その構成こそが、論文の骨格にほかならない。「問
い」の提示から始まり、証拠と論理にもとづいて、「答
え」の説明が組み上げられていく。

　だから、この「論」と「文」の結合形式は、出発点とな
る「問い」がないと、自ら組み立てていく動きが生まれな
い。なるほど、どんな「論文の書きかた」ハウツー本に
も、「問い」が重要であるとまずは書いてある。知識やデ
ータや学説をただ並べただけのノートや報告書やレポート
と違う、というわけである。その文の積み上げの主軸とな
り枠組みとなる部分に、出発点となる自分の「問い」がす
えられていなければならない、という。

　しかしながら、「問い」とはなにか。

問いを立てる

　この理解があいまいだったり、いいかげんだったりする
と、うまく動きはじめられない。

ここはひとつ、「問い」にじっくりとこだわっておこう。

　自分の興味関心を、ともあれ疑問文で表現すれば「問い」ができあがるのか。それほどには機械的でも単純でもない。「問い」とは社会調査においてしばしばその必要が強調される「仮説命題」のことか。この理解も平板で窮屈である。

　だが「問い」をむやみに本質的で根源的なものにまつりあげる必要もない。法律における対象規定の長い悪文のように、句点なしの一文であらわさなければ正確でないからダメだなどと思いこむのは、強迫観念である。対象を形式的に包括する、必要かつ十分な定義が最初になされなければならないというのは、思い込みにしばられた思考である。ひょっとしたら「問い」は確定した単数形ではなく、複数形の組みあわせでないと表現しきれないものなのかもしれない。「問い」の設定という課題において考えるべきことは、すでに複合的である。整理して理解し、探究として設定すべき複数の作業をかかえこんでいる。

　本章は、「問いを立てる」という論点のもつ厚みと、その意義を適切な場所に位置づけなおすところからはじまる。

対象としての素材もしくは領域：主題としての「問い」

　「問い」という表現は、「問う」という動詞が名詞化したものである。日常でも学校の教室でもひんぱんに耳にする。それゆえ違和感はないものの、かなりまんぜんと受け

止められているのも事実だろう。論文の出発点として必要な「問い」も、じっさいにははっきりと意識せずに使われている。

　複数の意味に分けてみよう。

　含意の第1は「主題」であり、「テーマ」「論題」である。論文には、「題」ともいうべきことばの設定が必要である。題とは、詩歌や文章や絵画などの作品において、内容の主意・趣旨を短くあらわしたものと考えておけばよい[20]。考察すべき対象の所在を指ししめし、論ずる領域のひろがりと、光をあてるべき焦点を明らかにする。まさしく主題の提示であるが、同時に、考察すべき対象をとらえる枠組みの設定でもある。主題となるべきものが提示されないと、論文の良し悪しが判定される専門知の領域がさだまらない。

　よく指導する教員から、提出した論文に対して「この論文の主題はなにか」とか、「この研究のテーマはなに？」と問われることがあるだろう。もちろんこれは、かなり概括的ではばひろい質問である。そのとき教員の心のなかに生まれた疑問は、じっさいさまざまだと思う。

　興味関心そのものがあいまいで、読者にわかるように書かれていない、という初歩的で表現技術的な場合もある。なにが正しいと言いたいのか、その主張するところがわからない、というもどかしさの別な表現かもしれない。ある

20　これは論文に必要な「題名」「タイトル」とも深く関係している。

いは、これまでその主題を論じてきた、他の研究者たちの先行研究との位置関係が明確でない、という専門的で研究史的な疑義もありうるだろう。

　しかし尋ねられている中心は明確である。あなたがなにを論じようとしているのか、その意図が焦点をむすぶ場としての主題が伝わってこない。この「あなたが」という主格の限定と強調は、「問い」の第2の意味とも深くむすびついている。

　脇道のよぶんな知識だが、主題に関連して、あまり知られていない事実を注解としてくわえておく。日本での論文を書く経験は、主題に応じた投稿の実践をつうじて生まれた。新聞雑誌に出された論題に対する懸賞があったからである。そこで出された論題の多くは、ここでいう「問い」の第1のありようともいうべき、タイトルの提示であった。

　具体例を見てみよう。明治14年（1881）1月12日の読売新聞に東京大学法理文学部が、「論説」の公募をしている。「太古衣服考」「古来墓制の沿革」「古来商業の盛衰」「俚歌童謡の変遷」「割烹方の沿革」「古代人口の多寡増減」など21の「問題」を提示して、論文を募った。投稿された論文は審査のうえで[21]、大学発行の『学芸志林』に掲載するという。同じような懸賞論文を、『女学雑誌』を出していた萬春堂が「日本婦人改良論」という「文題」のも

21　掲載にあたっては、論文を甲乙丙丁の4つの等級に評価して、甲8円、乙7円、丙4円、丁2円をあたえるとあるから懸賞論文である。

とで募集している（1885年7月29日読売新聞広告）。そこで
も3等に分けて論文を評価するとある。また「毎日新聞点
取文」として「自由貿易保護税の利害及び両者実施の結果
如何」という、文章にすこし近い論題を出しての毎日新聞
社の例（1886年12月22日読売新聞広告）など、論文投稿の実
態は当時の新聞に多く見つけることができる。最後の例な
ど、問いをそれなりにしぼった出題だが、論文執筆者自身
の問題関心として語られていないという点でやはり題目で
あり、これから説明する「問い」の第2の意味とは異な
る。

問う主体の関心のありか：問題意識としての「問い」

　本題にもどって、複数の含意の第2は、その「あなた自
身の関心」「論ずる主体の立場」である。別な言いかたな
ら「問題意識」ということになろう。すなわち研究する主
体が、その主題に対していかなる関心を有し、どのような
視点で論じようとするのか。この意味での「問い」は、論
ずる主体の関心の構造を表現することで、主張のかなめと
なるであろうところを読者に提示する。

　多くのばあい主題は名詞形のまま、しかも概括的・抽象
的に提示される。名詞形ゆえに対象や論題の領域を指しし
めすだけにとどまりやすい。たとえば「エスニシティ」と
か「格差と不平等」とか、専門領域でよく使われる概念で
表現されたりする。そうした短すぎる提示が象徴的にすぎ
ても、専門が重なっていて事情に通じた研究者同士なら

ば、それだけでもあるていどわかってもらえる（あるいは、わかったつもりになってもらえる）。それゆえ、分野を共有する仲間内の会話であれば、それ以上に深めずにやりすごしてしまいやすい。

　しかし、自分がわかっているのかのほうが、ほんとうは大きな問題である。だから「私」という主格を備えた、説明の文章にする努力が必要である。その主題の形態やありさまや思いを評する形容詞や、その働きや動きを描きだす動詞をしたがえた「文」によって、自分自身の関心が説明されないと、論文の「問題意識」の記述としては不十分である。すなわち論者としてのあなたが、いかなる視点から、どのような問題として、その主題を取り上げるのか。論ずる主体のそのような立場性（positionality）こそが、「問い」の第2の意味である。

　問題に対する意識なのだから、すなわち自覚である。「たまたま関心があってなんとなく調べた」「自分がおもしろいと思ったから論じた」では、最初の偶然のきっかけの弁明としてはともかく、論文を立ち上げる基礎としてはたよりない。なによりも、自分に対する分析が足りない。自分の「関心」や「おもしろさ」の根元を、なぜという疑問を自ら引き出すほどに深く、またその問いに自分で答えようとするほどにねばり強く、掘り下げなければならないからである。

　それはどこかで自分をさらけ出すことになる。恥ずかしかったり恐ろしかったりするかもしれない。しかし、この

プロセスは単なる自己暴露ではない。その問題が社会的に重要であるから、つまり自分が興味をもつだけでなく、他の人びとにとっても大切な論点であるから、問題にするのである。そこまで掘り下げれば、ひるみがちな自分をただされけ出すことには終わらない。

　たしかに、この意味での「問い」は、他人まかせにはできないだろう。他の研究者がその主題をどう論じてきたかの蓄積を、いかにていねいに述べたとしても、それだけでは足らない。自分の関心や立場が問われるからだ。自分の理解で、そして自分のことばで、問題とすべきものをどう説くか。その論理を組み立てることが求められる。

　ただ「主題」の提示と同じく、「問題意識」の説明も、ともすれば大きすぎ広すぎる抽象的な「問い」となりやすい。たとえば「公共性とはなにかが明らかにされなければならない」とか、「インターネット社会は個人に幸福をもたらすかを探究したい」という、やや説明不足のつかみどころのない問題意識のまま、コンパクトな論文を書くのは無理だろう。

　大きな問いを立てれば、立派な論文が書けると思うのは、早とちりである。

　「問い」をしぼり込まなければならない、ともよくいわれる。それは、対象の範囲や領域を小さくすることをかならずしも意味しない。問題は、「問い」の文それ自体の抽象度である。大きくて抽象的なままの関心や問題意識を、そのあらわれの局面や、問題となる領域を限定して、具体

的で適切な「問い」にどれだけ分解することができるのか。そこが問われている。

「謎」を立ち上げる：問題設定としての「問い」

　第3に指摘すべき「問い」の意味の位相は、解くべき問題の現実的な設定である。それは前述の「問い」を具体的なものに組みなおす課題とも深く連動している。なにが「わからない」ことなのか。なにが「謎」なのか。なにゆえに、それが理解できないのか。どのようなことが説明されるならば、そこに理解が生みだされる可能性があるのか。

　「問い」として求められているのは、まずは、その「わからなさ」を論理的かつ現実的に措定することである。直観的にではない。論理的にである。それはこれから構築される解明のプロセスを、あらかじめしめすという機能をともなう。それゆえ「問題設定」と表現してもよい。この「問題設定」としての問いこそ、せまい意味での「謎」である。説明すべき「わからなさ」を内容として取りだし、論理によって解明すべき課題を読者にはっきりと見せる[22]。

　あらためていうまでもなく、「謎」は人間の理解をささ

22　形式的には、第一の対象としての「主題」と、第二の研究主体の「立場性」「問題意識」とのかけあわせでもある。この第三の意味は、かけあわせる前のテーマにも興味関心にも還元することができない創発性、すなわち新しさをもつ。

えている論理が矛盾しているところ、説明できないところに生まれる。いわば、説明の失敗である。いわれて見ればあたりまえだが、見落としてはならない大切なポイントである。先にこの問題にとりくんだ人びとがいるなら、その研究はどこで説明に失敗しているのか。そうした明確化は、研究する意義とともに取りくむべき「謎」を明示することになるだろう。

　主題や問題意識があるだけで、自動的に「謎」が立ちあがってくるわけではない。推理小説の素材となる「事件（できごと）」それ自体は、対象であり主題であって、そのまま「謎」であるとはいえない。「謎」として読者に共有されるには、ただ事実として現実の社会現象がそこにあると指摘するだけでは足りないのである。

　たとえば後に「水俣病」と名づけられる、奇妙な症状がネコのふるまいにおいて、漁師たちの村で観察された。オルレアンの町で、女性誘拐のうわさ話がひそかに、誰が語るというわけでもなくはやった。あるいは、19世紀後半のザクセン州の年間の人口100万あたりの自殺者数はイタリアの約10倍におよんだ。それらは、いずれも「事件」として、たぶん社会学が問題にしうるできごとである。

　しかし、事件であるという指摘だけでは、そこに興味をもち話題にしてみたい姿勢は伝えられても、なぜ問題にするのかが伝わらない。だから推理小説の発端としても、社会学の論文の出発点としても不十分だ。

　そこに説明すべき「わからなさ」が明確に設定されない

と、解明に向けての解釈や議論は始まらない。

「わからなさ」を構築する論理的説明へのこだわり

　「わからなさ」とは、じつはその現象にむかいあう主体が、知識や論理を素材にしてつくりあげるものだ、といった。しかしながら、というか、であればこそ、理解しよう説明しようという主体の積極的な取りくみがないと、「わからなさ」は立ちあがってこない。つまり関心だけでなく、説明するという取り組みがなければ、また論証のすじみちに対するこだわりなしには、「わからなさ」は明確なかたちをもたない。

　重要なのは、論者の知識や論理が構築する「わからなさ」[23]のかたちである。これまでの知識では理解がむずかしい、従来の視点では説明できない。そうした「わからなさ」が措定されればこそ、その現象は事件であり、問題となる。すなわち、説明されるべき「謎」は、論者としてのあなたの思考の実践がつくりあげるものであって、主題として自然にころがっているものではない。

23　だから「わからない」ということばを、考えずにやりすごすための言い訳に使ってはならない。演習の授業で、教師の質問に、すぐ簡単に「わかりません」と答えてしまう。そう答えておけば、質問は自分をパスして、次の誰かに移っていくかもしれない。しかし、この「わからない」は逃避的なもので、「問い」と向かい合おうとしない態度のあらわれにすぎない。知ろうとしないところでの「わからない」は、自分を支える力にならない。だからこそ、安易な「わかりません」の返答に、私はいつも「どこが？　何が？」ともういちどあえて聞きなおす。

推理小説では「事件」とされるできごとに対し、シャーロック・ホームズのような探偵の観察眼と調査力と想像力とをもつ主体が挑む。ホームズの物語では、関係者のなかに隠れている犯人やその共犯者、背後にひそむ問題の構造や主体の動機、さらには事件現場の状況の不思議さを生みだしたトリックなど、できごとの構造が観察と物証と証言と推理とで明らかにされていく。当初は理解することができなかった「謎」すなわち事件の「わからなさ」を、証拠を集め、観察し、論理を組み直すことで解いていく。その点で推理小説と論文とは、筋づくりの物語の構造が似かよっている。筋づくりの中心に据えられている「わからなさ」は、作者が自分でつくりあげ、自分で解くものなのである。

　だから、ここで論文の出発点となる「わからなさ」は、ほんとうに手におえない絶対的な「わからなさ」ではない。誤解をおそれずにいえば、論証による謎解きができるていどの明確なかたちをもった「わからなさ」である。構築すべき問いは単数形ではなく、複数の問いの集合かもしれないと論じたのも、「主題」や「問題意識」としての問いと、「謎」としての問いとを分けて説明したのも、ここに関連している。

古典のなかの複数の「問い」

　ここまでで３つの「問い」の位相の違いはいちおう説明できたと思うので、すこし脇道にそれる。

こうした複数の「問い」の機能は、たとえばデュルケームの『自殺論』のような古典にも、明示的に論じられているわけではないが、見つけることができる。

　たとえば、第1の「主題」という位相で、この長大な論文が問題にしているのは、題名にも明らかな「自殺」である。しかしデュルケームは、「自殺」という日常語としても通じる名詞を、ただ挙げるだけで主題提示を終えていない。

　考察の対象となるべき「自殺」の概念を、その行動形態において丹念に規定し、抽象的な「形而上学的思弁に甘んじないで、はっきりとその輪郭を描くことができ、いわば指でさししめされ、その境界がどこからどこまでであるかをいうことができるような事実群」[Durkheim 1897 = 1985：11]として、社会生活のなかで弁別できる現象だと指定していく。自分による自分の殺人という特異性を有し、悲痛な個別的事件であるとともに、他方で世相の反映とも見られる特質を有し、その社会の生活のさまざまな行為様式と切れ目なく結びついた主題であることを論じて、社会学の分析対象としてふさわしい、と提示する。

方法的な「問い」と実践的な「問い」

　第2の「問題意識」としての問いの埋め込みかたは、いささか複合的である。大きく2つを指摘できる。

　ひとつの問題関心は、方法的なものである。デュルケームは自殺を「個人の心理状態」に還元できない関係性のあ

りようが作用する現象だととらえ、社会学的方法の基準を
応用すべき固有の対象だと位置づけていく。すなわち、
「外在性」と「拘束性」とをもつ「社会的事実」で、「物」
のように外部から観察しなければならず、またそのように
観察することができる、と説く。この問題意識は、学史的
には先行する「総合社会学」などにおける「観察」の観念
性・抽象性を克服し、方法としての具体性・実践性をあた
えようとするものであった[24]。

　もうひとつの問題関心は、実践的なものである。フラン
ス革命以降の急激な社会変化のなかで、社会を社会たらし
めている人間どうしの絆の現代的な変容を感じていたから
である。「現代社会がおちいっている一般的な病態」「文明
社会を悩ましているあの根の深い混乱状態」[Durkheim
1897＝1985：503]とデュルケームが表現しているものが、
それにあたる。具体的には、宗教的・家族的・政治的・職
業的な中間集団の衰弱であり、個人化の急激な進展とアノ
ミーの蔓延である。「国家に相対する存在としては、無数
のちりぢりの不安定な個人だけがのこされた」[同前：

24　デュルケームは『自殺論』で、コントやスペンサーの総合社会学の
社会進化論的に一般化された説明に対して、次のように述べる。「簡単な
検討や軽はずみな直観によっては、きわめて複雑な現実にかんする法則
を首尾よくみいだすことができるものではない。とりわけ、あのように
広汎で性急な一般化が行なわれるばあいには、どんなたぐいの証明も不
可能である。せいぜいできることといえば、提起した仮説を例証するの
に都合のよい事例を必要に応じて引用するくらいのことであるが、たん
に事例をあげることは証明にはならない。」[Durkheim 1897＝1985：10]

500］という認識は、後の大衆社会論の問題提起を思わせる。

　自殺の異常な増加と、フランス社会の危機とが、同じ原因から派生しているのではないかという問題関心がそこにある。それは「解」を引き出していく枠組みでもある。その病弊のなりたちと原因とを社会学的に明らかにすることが、克服の実践をも明確にするだろうという実践的な問題意識こそ、デュルケームの立場であり、主張であった。

「謎」としての社会的自殺率

　第3の「問題設定」としての謎は、現実的で具体的な現象として提示される。ある社会の特定時点における固有の自殺傾向としての「社会的自殺率」の存在である。すでに述べた理論的・方法論的であると同時に実践的な大きな「問題意識」に、基本的に方向づけられながら、しぼりこまれたものだ。

　すなわち、既存の社会統計や新しい集計にもとづく資料をもとに立ちあげられた「謎」が「当の社会に固有の自殺死亡率」である。「それぞれの社会は、歴史の各時点において、ある一定の自殺への傾向をもっている」［同前：28］という不思議が、論文の問題設定としてクローズアップされる。死亡統計の年次比較や国際比較から、デュルケームは総人口あたりの自殺者の比率が、①一般死亡率の変動に比べても、国ごとに毎年一定の数値を示し相対的に安定していること、しかしながら、②国によって、その数値

がまちまちで時に10倍におよぶ差異があること、③いずれの国でも程度の差はあれ、漸次増加の傾向がみられることなどをしめし、解くべき「社会的死亡率」の謎として問題設定する。そして、この社会に固有の数値が「固有の実在性をもった集合精神の一種独特の状態」[同前：32]をあらわすものであることを、この一冊をかけた「答え」として提出しようとしていく。

　読み落としてはならないのは、次の一節だろう。

　「筆者の意図するところも、個々の自殺の発生にかかわるすべての条件をできるだけ完全に網羅することではなく、もっぱら、社会的自殺率と名づけた、このかぎられた事実のもとづいている条件を究明することにつきる。」
[Durkheim 1897＝1985：32]

　当然のことながら、デュルケームは自殺という「主題」の拡がりと、論文の軸となる「問題設定」との違いを混同していないのである。

第 5 章　　**通念の切断と思考の運動**
　　　　　：問いを立てる（その２）

　「問いを立てる」という実践には、まだ前章で触れなか
ったダイナミックな動きがふくまれている。それは問いを
立てることが、じつは見かたの変革であり、知識を新たに
配置しなおす実践であるからである。
　問いを立てることのいわば運動としての性格は、「問
い」それ自体がひとつの説明であり、知識の組みあわせで
あるという特質に由来する。「問い」は、超越的で批判的
な理性が、純粋なる思考空間においての思索をつうじて無
媒介に、すなわち直観的に生みだすものではない。「問
い」もまた、社会的に観察された事実の認識に、あるいは
共有されている知識に根拠をもたなければならない。前章
で「わからない」という説明を組み立てるにも、じつはさ
まざまな知識が必要である、と述べた。「問い」は、これ
までの自分の理解をささえていた、多くの知識を素材につ
くられる。
　つまり「問い」は、既知と未知の混合物である。
　そのかぎりにおいて矛盾をふくみ、その知識のありかた
自体が動きをかかえこんでいる。わかると感じていること

を基礎とし、わからないから取りくもうと考えていること（対象）に向けて、知ろうとするまなざし（認識）をひらく。動きを内蔵した知識だからこそ、「問う」という動詞がふさわしい。

その動きのなかで、わかっていると思っていた部分が、じつはあいまいな思いこみや仮定でしかなかったことに気づいたりすることもある。理解の基礎や確かさがゆらぎ、「問い」のかたちそのものが変わってくるような展開もめずらしくない。

だからこそ「問いを立てる」ためには、その動きをコントロールすることが必要だ。動きとは、思考の動きであり、観察の動きであり、ものを見る方向と視界とをその動きの軌跡によって生みだす。その方向にそって、新しい知識・認識が生産される。それらの知識がひとつの「文」に組織され、あるいは文の集合としての段落に位置づけられて、論文が生まれる。

本章では、こうした局面での「問い」のはたらきについて考えてみたい。

存在論的な「問い」の落とし穴

われわれが論文を書くなかで用意する「問い」も、さまざまなレベルがある。足りない知識を集めるだけでしだいに解消していく「わからなさ」もあれば、論理を組み立てる素材となる概念を根本から調整し、対象の動きとうまく波長をあわせることなしには解けない「わからなさ」もあ

る。このあたりの特質の違いを自覚せずに、ともあれ論文を貫く「問い」を形にしようとむやみに急ぐと、貧しい成果しか得られない。

　問いを立てるとは、ともかく疑問を出すことではない。質問のことばがかえって人びとの思考をしばり、自分の認識を単純化してしまう危険性もある。だから問いは、その立てかたそれ自体がひとつの課題となる。

　しばしばまじめな学生がはまりこむ行きづまりの一例に、「○○とはなにか」という、存在論的な「問い」のどうどうめぐりがある。「○○」には、「文化」でも「差別」でも「民族」でも「格差」でも「アイデンティティ」でも「質的調査」でも、なんでも代入できる。多くの場合、その領域でもっとも基礎的な概念が選ばれたり、論文にとってもっとも重要な主題がもちこまれたりする。この問いの形式は、いっけん本質的に見え、根源的に感じられ、ストレートそうに聞こえる。

　しかし、この問いの形式は、一般的に同義反復の循環に閉じこめられやすい。まことにあつかいにくい抽象性をはらんでいると思う。考える素材となる知識や、議論の前提となる実態の観察がまだまだ少ない段階で、こうした素朴で率直をよそおった問いによりかかるのは、あやうい。じっさい、この問いは対象とすべきものの完璧なる定義の強制とも受け取られ、論文の主題をするどく問われているようにも感じられてしまう。それに対する答えの模索がことさら苦しいものになるのは、定義としてまとめようにも前

提となり素材となる知識が不足している状況において、である。

　本質的で存在論的な問いを、準備のないままに深追いしても、あまりいいことはない。「さまざまである」「多様である」という消極的な思考停止に逃げこむか、ごくあいまいかつ折衷的に常識をなぞるだけの貧しい断定に閉じこめられるかになりやすい[25]。

　「問い」はそこで動きをうしない、論文はたぶん進んでいく方向を見うしなう。

観察の窓をひらく場所：社会学の「問い」の特質

　社会学の論文において必要な「なにか」の問いは、誤解をおそれずに単純化するなら、本質論的であくまで存在論的というより、徹底して経験的で形態論的である。その問いは、まずは存在形態にむけられている。つまり現実的で実態的なものである。「〇〇とはどのようなものか」と言いかえてもよい。

　すなわち、その対象が現実にはどのようなものとして、社会的に存在し、人びとに思念されているのか。その詳細

25　だから「〇〇とはなにか」を、形而上学的な存在論の「問い」と受け止めるのは、社会学の立場からすると過剰である。純粋な思索と理屈だけで解決できるものでもない。問われているのがさしあたりの定義だとしても、法律の条文のなかでのように、対象物の包括的な規定要請として受け止める必要もない。社会調査の第7章で述べるように、社会学が論じようとする対象は、最初から全体が見えているものには限られないからである。

な記述を踏まえてはじめて、「なぜそのようにあるのか」というメカニズムに、論理的に迫ろうとする動きが生まれる。そのように観察をつうじた分析を進めていく順序が、社会学の想像力のはたらきとして想定されている。

　乱暴な方向づけだが、社会学における「○○とはなにか」は、方法としての観察を、そこでひらくという宣言にすぎない。見るための窓をあける場所を決めることである。

　そこで対象の実態に対する観察を開き、事実にかんする知識をあつめ、どのようなものであるのかを考えていく。だから「多義的である」「曖昧である」という経験の並列の浅い行きづまりで問うことを手ばなし、探究それ自体を放棄してしまうのはもったいない。考察としても中途半端だろう。たとえば、そこで観察された形態を整理し、分類し、類型に分ける作業は、まだなされないままに残されている。多義的で多様にみえた実態を、論理的にいくつかの類型に分けるような認識にまで進んでいってはじめて、「なぜそのようにあるのか」という、それぞれの類型の存在条件を考えていく思考の運動が生まれる。

記述的な「問い」の落とし穴

　もちろん「どのようなものか」「いかなるものか」という記述にむかおうとする問題関心には、これまたよく見かける種類の落とし穴がある。

　ときどき「△△の実態を明らかにする」ことが、この論

文の基本的な目的であり、主題であり、自分の関心であると、わりあいと意欲がある学生に高らかに主張されることがある。しかしながら、フィールドにむかう動機としてはともかく、論文を立ち上げる問題設定としては不十分である。主題としての対象を措定しただけにとどまっているからだ。

　明らかにするという記述の生産それ自体を「謎解き」の答えにするというなら、そのために、実態そのものがたとえば外からはうかがい知れぬ「謎」となっていることを、明晰に設定する必要がある。しかしながら多くの場合、関心はそこまで反省的に構成されていない。いずれにせよ、なにが問題なのか、なぜその実態を明らかにしなければならないのかの「問い」と、論文のなかで向かい合わないわけにはいかない。

　たんに知識の不足をうったえているだけの問いは、疑問文としての射程が短い。「問い」もまた、事実・現実の観察にもとづいて提示され、知識の配置において立ち上げられる。だから、論文の出発点となる「問い」は、知識の組み立てかた、組織のしかたを問い、いかなる動きを生みだすかを考えるところにまでおよぶ。

　「どのようなものか」「実態を明らかにする」だけでは不十分でもたないといわれると、すこしとまどうかもしれない。だから無闇にあせらないための、蛇足の補足をひとつ。

　「問い」は論文の出発点である、とくりかえし述べた。

できあがった論文として、その構成が審査される段階においては、たしかに「出発点」にすえられなければならない。そこでは、それが論文の土台であり、基礎だと認識されるからだ。

　しかしながら、研究の最初からその「問い」が明確に対象化され、完全に用意されているとはかぎらない。というか、ほとんどの場合、どうしようもなく未完成である[26]。とりあえず対象とすべきものの観察をはじめられるくらいしか準備できていない場合も、現実にはよくある。知識が集まってくるなかで、「問い」が変容していくのも自然なプロセスである。そのことをむやみに嫌う必要もない。

　だから、探究の途上での作業の順序や知識生産の順序のあるがままと、最終的な論文構成での論理の順序のつくりあげとを、混同した理解は窮屈である。出発点となる「問い」もまた、論文が最終的につくりあげるものであってよいのである。

アルチュセールの補助線：「認識論的切断」という課題

　本題にもどる。

　「問い」それ自体が対象にかんする認識であり、組織化された知識であると述べた。また、それは既知と未知との混合物である、とも論じた。その理解は、問いを立てるこ

26　そこであわてて完成させる必要もない。すでに論じたように、問いは運動である。未知に対して開かれた窓をもち、そこにむかう動きを内蔵した文であるのだから、そのはじまりで完結するわけではない。

とをめぐる、もうひとつの重要な話題へとわれわれを導く。

「認識論的切断」の実践である[27]。「認識論」と「切断」というむずかしそうな漢語のくみあわせで表象されたアルチュセールの問題提起を、この「論文の書きかた」に位置づけて論ずるのはなぜか。私が、次のように考えているからである。

第1に、この概念が光をあてている生産の論点が、研究者が新しい変数に「気づく」とか、隠されたメカニズムが「わかる」とか、アイディアを「思いつく」とかいうときの不連続性、ある意味での直観の革命性と対応しているからである。

ごくかんたんに論じて行きたいが、そのためにも、必要ないくつかの基本概念を説明しなければならない。

まず「イデオロギー」である。イデオロギーは、もともとはドイツ語の Ideologie から日本語にもちこまれた新語[28]で、1930年代前後に日本でも使われはじめた。①観念形態・意識形態、②空論、③特定の個人や集団、階級の利害を反映した考え、④政治的に偏った思想傾向、というあたりの意味で使われるが、社会科学の領域では「虚偽意識」という訳語もしばしば用いられた。歴史的・社会的な

---

27 後に述べるように、クーンやフッサール、シュッツ、イリイチ、見田宗介（真木悠介）をはじめ、多くの思想家たちが提起した方法論的な問題とも呼応している。革命や進歩をめぐる不連続な「段階」モデルにも、この切断の問題はひそんでいる。

立場に制約された、ニセの意識であり間違った認識であるということが強調されている。

しかし、イデオロギーは日常的にも政治的にも異常な偏向などではない。意識のふつうの形態である。あたりまえの認識そのものでもある。それは説明するという行為をささえる素材にほかならないので、思考するという実践それ自体に内在している。それゆえ学問や科学の実践のなかにも浸透している。しばしば、この実践としての性格が誤解され、意識のありかたを名詞的に指すかのようにあつかわれている。あえておおまかに対応させておくなら、イデオロギーは「通念」であると考えてもよいが、より正確にはつねに再生産されている通念の動きである。

科学もまた認識のひとつの形態なので、イデオロギーと科学がどこで区別されるかは大切である。しかし、それはイデオロギーを間違った主観的な認識、科学を正しい客観的な認識と対比させ、意識形態に虚偽／真実のラベルを貼りつけることではない[29]。

今村仁司［1980］は、アルチュセールの思想の解説において、「イデオロギー」の特徴ある、しかしごくごく自然で普遍的な存在形態をえがき出している。すなわちイデオ

───────────

28　観念の起源をさぐるフランス啓蒙主義者の観念学（idéologie）において生まれ、マルクスやエンゲルスの著作のなかで、観念が歴史的・社会的制約をこうむっていることに光をあてる社会科学の基礎概念として展開した。その後、マンハイムの知識社会学での思想の存在被拘束性や、ダニエル・ベルの全体社会の変革を嚮導する思想の終焉などを論ずる立場などにおいて使われ、意味する幅をひろげてきた。

ロギーは、自覚されないままに作用する。無意識のレベル
で、人びとの説明や解釈の実践、すなわち認識をささえて
いる。ある見かたで説明しつづけることによって、わかる
という感覚をささえている。その点では、イデオロギーに
よる説明の無意識のくりかえしは、生活の慣習をささえ、
認識を安定させている枠組みでもある。その設定のうちに
とどまるのであれば、あたりまえと思うことをわざわざ疑
わず、対話や確認の必要を節約することができる。それゆ
え、イデオロギーによる説明と科学による説明の区別は、
きわめて微妙にして困難な課題でもある。科学の実践のな
かにも、科学者という主体の存在をつうじて、イデオロギ
ーは絶えず介在し浸透しているからである。

　であればこそ、科学の実践においても、切断が必要とな
る。無意識なまま作用している説明を止めること、その認
識を「カッコに入れる」ことが、新しい見かたの創造には
不可欠である。最初から新しさが見えているわけではな
い。切断してはじめて人はしばられていたことに気づき、
見えかたの新しさを感じる。外からは連続的な成長や進化
のように見える認識の発展も、その経験の内側においては
切断と飛躍のくりかえしという断絶の連続である。

29　その点では「虚偽意識」の訳語は、その理論の文脈をはなれた場
合、ひどい誤解を生みやすい。イデオロギーという語にはりつけられて
しまった説明効果や解釈のかたよりを切断するレッスンとして、私の文
章の「イデオロギー」をすべて「通念」に入れ替えて読む試みも有効だ
ろう。

「世界を止める」:『気流の鳴る音』のおしえ

　私自身がこの「切断」の論点とであったのは、大学に入ったばかりの教養学部の学生時代だった。アルチュセールやフッサールの著作をつうじてではない[30]。真木悠介（見田宗介）の『気流の鳴る音』[1977]が模索[31]していた、近代社会の限界をその根源において批判し、近代がつくりあげたしくみへの耽溺から解放する方法を探ろうとする比較社会学の試みにおいて、である。

　ふりかえってみると、この一冊は私の社会学入門の最初の一歩だった。ずいぶん前のことになるが、そのときにおもしろいと感じた動きをできるかぎり思い出しながら、ここで論じている認識論的切断が主題とするところを説明してみたい。

　『気流の鳴る音』はイメージ豊かな論考だが、その分析の論理は明晰で、たいへん個性的な作品[32]である。メキシコ北部に住むある老呪術師に弟子入りして、その老人が生きる世界に触れたカリフォルニア大学の若い人類学者のフ

30　フッサールの「自然的態度」という問題意識と、それに対するエポケーの方法性、イリイチの「プラグを抜く」、社会問題研究からジェンダー論にいたるさまざまなバージョンの「構築主義」のインパクト、さらには1990年代の日本の若手社会学者が好んで使った「常識を手放す」「常識を疑う」、それらはみな認識論的切断と同じ課題にむかいあっていたと考えてよいだろう。

31　その内容は、当時の演習ですこしずつ講じてのち、雑誌に発表され、一冊にまとまって公刊された。

ィールド記録[33]を素材にしている。

　この人類学者の最初の目的は、インディオが昔から用い
てきた薬草についての知識の収集だったが、老人はいつま
でたっても教えてくれない。それどころか、人類学者には
ばかばかしく思えるレッスンを強いる。

　「さあ、この小さな植物に話しかけろ。」「なにを話しか
けるかってことは問題じゃない。ただなにかを話しかけれ
ばいいんだ。」しかし、そう言われても人類学者には意味
がわからず、やる気にならない。「いまは、自尊心をなく
すことにとりかかっとるんだ。おまえは、自分は世界で一
番大事なものだなぞと思っとるかぎり、まわりの世界を本
当に理解することはできん」［真木悠介　1977：35］ともさ
とされる。

　知りたいのは植物の使用法についての情報なのだ、と人
類学者は伝えるが、どうしても薬草の話にはならない。
「おまえはそのことを勉強したがっているのに、なんにも

32　当時、すでに社会学者として確立していた年配の研究者のなかに
は、この著作の表現の詩的ともいえる修辞の豊かさにとまどい、試みの
斬新さを社会学として認めない人たちもいたが、学生であった私にはイ
ンスピレーションに満ちた、社会学的想像力への誘いであった。
33　この人類学者カルロス・カスタネダの「フィールドワーク」自体
は、老呪術師ドン・ファンは実際に存在した人物なのかなど、哲学的な
寓話としての創作された可能性も語られている。しかしながら、その社
会調査としての評価の問題と、ここで語られたテクストを素材に「近
代」の生きかたを満たしているイデオロギーを対象化し、流動化して考
えてみようという真木の試みの価値は、別問題である。

したくはないんだ」と指摘されるだけである。人類学者にとって、このレッスンは意味をもつ作業ではなかった。

　ところが、細かな経緯やその前後の紆余曲折ははぶくが、ある日この人類学者は、ことばを話すはずもないコヨーテと自分とが話をしたと感じる。人類学者にとっても不思議だと感じる体験なのだが、それを老人に話すと、「おまえはただ世界を止めたんだ」という。止まったものとはなにか。

　「人が世界はこういうものだぞ、とおまえに教えてきたことさ。わかるか、人はわしらがうまれたときから、世界はこうこうこういうものだと言いつづける。だから自然に教えられた世界以外の世界を見ようなぞという選択の余地はなくなっちまうんだ。」[カスタネダ　1974b：341 ＝真木1977：67-68]
　「子どもと接するおとなはみな、たえまなく世界を描写する教師であり、その子が描写されたとおりに世界を知覚できるようになるまで、その役目を果たしつづける。」[カスタネダ 1974b：10 ＝真木 1977：68]
　「わしらは自分のなかのおしゃべりでわしらの世界を守っておるのだ。わしらはそれを新生させ、生命でもえたたせ、心のなかのおしゃべりでささえているんだ。それだけじゃない。自分におしゃべりをしながら道を選んどるのさ。」[カスタネダ 1974a：271-2 ＝真木 1977：68]

この教えそれ自体は、いささか神秘主義的でひどく主観
的な説教のように聞こえるかもしれない。しかし「神秘」
や「主観」の概念は、このエピソードで真木が論じようと
する核心を浮かびあがらせるのに、適切なことばの道具立
てでない。

問われない前提：くりかえされる説明をカッコに入れる

　『気流の鳴る音』が論じようとしている問いを、私なり
に解説してみよう。

　コヨーテや小さな植物が話すという、いっけん「ばかば
かしい」エピソードで問題にすべきは、こうした動植物が
ほんとうに「ことばを話すことができるか」どうかではな
かった。コヨーテや小さな植物は、そこに存在していて、
われわれとなんらかの関係をもち、かかわって生きてい
る。そのことがもつ意味を、人間であるわれわれが「聞き
とることができるか」[34]あるいは「わかることができる
か」であった。

　もちろん、難問である。

　「神秘」や「主観」の概念はひどく近代的で、すでにこ
の問題をどう考えるかを、一定の方向に枠づけ限定してし
まう[35]。無意識のイデオロギーとは、その方向づけを生み

34　ここでもういちど、第3章が論じた「伝わる」ことと「知る」こと
は同じではないという議論を思い出してよい。ここでも「伝わる」こと
は「聞きとる」こととは異なるし、「話した」ことと「聞きとれた」こと
とが同じでなければ、情報としては意味がないと思いこむ必要もない。

だしている説明である。老呪術師が問題にしようとしているのは、コヨーテが話したかどうかという現象の解釈の内容ではなく、そうした世界の解釈の背後にある概念のはたらきである。

　真木は、ここで明治の近代国家形成の出発点に置かれた、土地の「官民有区分政策」がなにを生みだしたかの歴史的事実を参照する。この政策は、かつての村落の生活をささえていた「入会地」の共同体所有（共有）を法的には許さず、私有（もしくは集合私有）でない土地は官有に区分する。私と公、民と官とのあいだに明確な境界線を引くことで、土地を私有する法的な主体格をつくりだした。しかし、その主体の成立によって、かつての生活を満たしていた土地共有の感覚や倫理は忘れられ、見えなくなっていく。

　同じように、人と物とのあいだに境界線を引く「人物格区分政策」ともいうべき実践が、近代の自我の人格の特権性をささえるイデオロギーとして、われわれの内にある。そのことを真木の説明はあぶりだす。すなわち、「人」と「物」とが主体として取り得る位置（「格」）を、あらかじめ分けてしまう。そうした認識枠組みの介入が、コヨーテや小さな植物が話すという話が「ばかばかしい」と見えてしまう事態をささえている「世界」なのだと、老呪術師は

35　その概念が方向づけた世界のなかでは、草花と語ったり、コヨーテが話しかけたりする現象は、動植物の「人格視」か、比喩としての「擬人化」としてしかとらえられなくなる。

説く。

つまり、なぜさまざまな生命のなかで、人間だけが主体としての権利をもち、動物は物財として扱われ、主体ではありえないのか。しかもそのことは、あえて問われない。問わずともよいと決められた前提だからだ。近代法の権利概念の正当性は、そうした「人物格区分政策」の「おしゃべり」によって守られている。だから、コヨーテの声を聞きとることも、自然からのメッセージがわかることも、説明できない「神秘」でなければ、せいぜいが「主観」としてしか理解されない。イデオロギーの作用は、まことに包括的かつ体系的であるので、その意味づけの枠組みのなかでは説明は矛盾なく位置づけられてしまう。

だから、意味づけのおしゃべりを止めること、世界を止めることが、見かたの変革になりうる。あたりまえと思っている概念の前提にある「おしゃべり」を疑い、そのくりかえしを止めると、世界の見えかたが変わる。

アルチュセールが認識論的切断で論じたのは、じつはこうした説明をささえている意味づけの枠組みの変革である。切断されることをつうじて、はじめて新しい認識が生産される。それは、同時に新たな説明や理解の枠組みを設定することでもある。この新たな枠組みこそ、「問いを立てる」という課題で論じてきた、新たな「問題設定」にほかならない。

原材料／生産手段／生産物

　新しい認識の生産と論じたのは、たんなるメタファー（比喩表現）のレトリックではない。物質の生産と同じメカニズムにおいて、認識もまた生産されているという論理の確認である。

　ふたたび今村仁司［1980］の手際よい整理に教えられつつ、アルチュセールの新しい認識や理論の生産過程の理解をたどってみよう。議論をかんたんにするために、認識が体系的に組織された枠組みを理論とよび、理論の生産と新しい認識の生産とをあまり区別せずに論ずる。

　物質の生産では、素材となるもの（原材料）があり、道具（生産手段）がそれを加工して、制作物（生産物）が生まれる。もちろん働きかける主体としての人間が不可欠だが、それは広い意味での生産手段にふくめて理解することができる。

　理論の生産でも、構成要素は同じである。しかし素材となるものが物質ではなく、ことばという現象であり「文」なので、ある種の抽象性・一般性はまぬかれない。それゆえ、アルチュセールは原材料を「第1の一般性（GⅠ）」、生産手段を「第2の一般性（GⅡ）」、生産物を「第3の一般性（GⅢ）」といいかえている。

　生産物（GⅢ）の位置にあるのは、いうまでもなくつくりなおされた新しい概念であり、諸概念の新たな体系としての理論である。その制作の原材料（GⅠ）となるのは、人びとが対象に対してもつ直観であり、経験であり、表象

であり、記述であり、既存の説明であり、常識であり、イデオロギーである。しかしながら物質の原材料とちがって、この素材はすでに通念がまとわりついており、思いこみや誤った理解に汚染されている。前述の「認識論的切断」が必要になる。

その切断に必要な生産手段（GⅡ）こそ、「問題設定」にほかならない。それは「問いを立てる」ことである。物質生産における生産手段と異なるのは、道具だけでなく生産者である主体、すなわち研究者が深くまきこまれている点である。今村の解説を引用しよう。

「独立の純粋の思考者である「私」という考え方は否定される。むしろ理論的思考者の「頭」や「眼」は、かれの頭や眼でありながら、同時にそれ以上の「問題設定」という構造の頭や眼になる。科学者が問いを立て答えをつくる操作全体が、このGⅡという「問題設定」によって構造的に決定される。ひとは、問題設定の枠内に入りうるものだけを「見る」（認識する）ことができる。枠外の現象は、視界に入っても見えない（認識できない）。」［傍点原文、今村仁司 1980：127］

この問題設定の作用は、よく読むと老呪術師の教えとほとんど重なっている。しかもこれが論文の出発点にかぎられた課題でなく、最終的な結論の意義にまでかかわる課題であることは、デュルケームの次の一節に明らかである。

「明らかにされた新しい事実が、究極的な問題解決とみ
なされるものをもたらさなくとも、〔それが〕問題の立て
方を変化させるとき、科学は進歩したといわれる。」〔傍点
引用者、Durkheim 1897＝1985：9〕

　論文を書くことも、自らの認識の生産過程である。この
章で論じてきた「問いをたちあげる」なかで生まれる動き
は、そのプロセスを進めていく原動力である。それは出発
点であると同時に、じつは結論ともつながっている。

漢語概念のむずかしさの切断

　もうひとつ、近代日本語に固有の困難が、論文を書くと
いう実践のなかで、この切断の変革を必要としている事情
に触れておこう。学術概念の漢語性である。

　これも清水幾太郎が挙げている事例[36]だが、大学で学び
はじめた学生が書くレポートの年次による変化がある、と
いう。1・2年生の書いたものと、3・4年生の書くレポ
ートには、その文体に大きな違いがある。1・2年生のも
のは、総じて学生自身の経験をダラダラと記述したものが
多く、退屈だがときに部分的だが活き活きとした経験の描
写にであうことがある。これに対して3・4年生になる
と、

36　清水が言及している実態は1950年代の昔の学生のものだが、同様の
現象は2010年代の大学でも、時期の前後の問題はともかく観察される。

「自分の経験の具体的な記述が急速に減ってしまい、その代りに、抽象的用語の使用が目立って殖えて来る。その多くは学術的用語であるが、経験との結びつきが全く欠けた、或いは、結びつきが甚だ曖昧な抽象的用語が使用され始める。むしろ、濫用され始める、と言うべきであろう。」[清水 1959：151]

　読んでもなにが内容なのか、なかなかつかめない。しかし、こうした変化を見せるのは、一般にすぐれた学生であって、そうでない学生はけっきょく文章が書けなくなってしまう、という。清水はそこに漢字であらわされたことによる「特別の抽象性」、「概念とか構造とかいう、抽象的な事柄を指示する漢字が重荷であるということ」[同前：153] があると指摘する。

　その一例としてあげられるのが「疎外」である。清水がこれを論じた1950年代末[37]から1970年代にかけて、「疎外」は日本の社会思想の重要な主題であった。問題は、ヘーゲルにはじまるこの概念が、ドイツ語では Entfremdung で隔てることや仲違いを意味する日常的にもそれほど特殊なことばでなく、英語の alienation や同じ語幹のフランス語も、譲渡や狂気をあらわす日常語として使われて

37　清水は「最近、「疎外」という言葉が流行していて、何でも自分の気に入らないものを「疎外」と名づけるようになっている」[1959：154] と皮肉っぽく指摘している。

いる。しかし日本語の「疎外」は、日常のことばとして使われることはなく、純粋に抽象的な学術の世界にとどまっている。たぶん、論文で使われる多くの概念が、経験的な世界とのギャップをかかえこんでいる。

　ここにおける「認識論的切断」の役割は、いつもそうであるように複雑である。抽象性に内閉していることばの意味を切断することであると同時に、経験とのあいだで切断されている関係をつなぎなおす。そうした効果をもつ新たなことばをつむぐことでもある[38]。

────────────

38　『論文の書き方』の著者は、次のように説く。「抽象的観念を盛った言葉を経験の世界に持ち帰るというのは、この観念が経験の処理や組織にとって真に有効なものであるか否かということを立証する機会になるものである。経験の世界へ持ち帰ってみると、或る観念は有効なものであることが判明するけれども、他のものはこけおどしのものであることが暴露される。自信がない人間ほど難しい言葉の蔭に隠れて、経験の世界に触れるのを避ける」[清水 1959：167 傍点原文]。もちろん、今日では「難しい言葉」を背伸びして使おうという意思が衰弱しているともいわれているが、問題は用語がむずかしいかやさしいかではなく、「経験と抽象との間の往復交通」[同前：149-75]であろう。そこに触れて清水が「いつに努力しても、経験へ立ち戻れないような観念」や、「いくら抽象化しようとしても、これを最後まで拒絶するような経験」の存在に言及している[同前：168-9]点は印象的である。しかし、それゆえに経験に立ちもどろうとする努力も、抽象化の努力も放棄せず、その努力それ自体が生みだす意味を説いているところがいさぎよい。

第 6 章

観察と対話の組織化
：方法としての社会調査（その１）

　社会学で論文を書くならば、やはりどこかで社会の現実をきちんと観察することが必要になる。もちろん、その現実には、心理や意識のような内面的な現実もふくまれる。

　コントもまた、実証の根本を「観察に基礎をおく」という認識のありかたにもとめた[39]。現実社会で起こっている現象や問題とまったくなんの接点もかかわりもなく、問いを立て、対象を設定することはむずかしい。あえていえば、むずかしいという以上に、社会学としての意味をもちにくいだろう。社会学史は、この学問の基本関心が広い意味での「社会問題」への取り組みにあったことを教えてくれている。

　ここで論じたいのは、この「観察」の設定のしかたであ

---

[39] 観察は、今日では社会調査の一部分に押しこめられて、「参与観察」を論ずるときに思いおこされるていどのあつかいである。しかし、観察という方法が新たな発見として強調されていた、近代学問の誕生の時代にまでさかのぼって考えると、その機能の拡がりと厚みはあなどれない。認識を共有し、討議を基礎づけ、理論を再検討し、疑問を解決し、あるいは新たな問題提起を生みだすことにつながる、ぶあつい意義を有していることがわかる。

る。

　ひとつの現象を丹念に多角的にみることも、入りこんで内部の成り立ちを探ろうとすることも、多数の個体を組織的に調べることも、設定のしかたにふくまれる。観察の戦略はさまざまである。

　社会学における観察とデータ収集と分析の実践は、広く「社会調査」と呼ばれている。ここでは、そのプロセスが意味するところを、論文を書くという実践に位置づけて考えてみよう。

社会の認識を生みだす

　最初に、方法としてのいわゆる「社会調査」の、すこし偏った色づけを脱色しておきたい。

　社会調査は常識的には、現象に近づいてデータをあつめることだと考えられている。社会調査の古典的なハウツー書の定義をみても、「社会事象を現地調査によって直接に（first hand）観察し、記述（及び分析）する過程」[40]［安田三郎 1960：2］あるいは「現地調査によって、ナマのデータを蒐集し、それを分析すること」［福武・松原 1967：2］だと素朴かつ率直に位置づけている。

　こうした通念は、一般にも世論調査や国勢調査、お客さまアンケートなどを経験することが多いからか、かなり広く成立している。ここでの調査とは、現実に近寄って直接

40　原文は「記述し（及び分析）、する過程」だが、すこしわかりにくいので、修正した。

にみることであり、事実を収集することである。

この理解は、たしかに間違いではない。しかしながら、この位置づけでは、事実はただ主体の認識の外部にあって、調査はただその実態を写し出すデータをたんねんにあつめるだけの作業のようにみえてしまう。主体が努力すべきは、いかに偏りのないあるがままのデータをあつめるかという課題であるかのような理解がつきまとう。

ところが、じっさいには観察も記述も分析も、主体と対象との相互性を帯びたプロセスであり、一種のコミュニケーションである。対象の記述それ自体も対象のありようも、調べようとしている主体の認識から切りはなされ、独立して存在しているわけではない[41]。

対象に対する認識が、その相互作用のなかで生産される。そのことを重視すると、社会調査はどう定義されなおすことになるのか。現実をあるがままに模写するデータづくりとするより、社会認識を生産するプロセスの総体であると理解するほうが本質的である。

すなわち社会調査とは知識の生産のプロセスであり、現実の生活世界に生じている現象にかんするフィールドでの観察や聞き取り、あるいは資料やデータの組織的で方法的

---

41 この社会調査の定義の転換を、実証主義から構築主義への転回と位置づけることもできよう。しかし、それを対象の客観性（＝実在性）から、対象の構築性（＝主観的想像）と理解するのは、微妙にズレた矮小化である。社会学の出発点にあった「実証」の理念は、それほどにフラットな概念ではなく、いわゆる構築主義も対象と主体のありかたをもっと深く問うものだったからだ。

に吟味された収集および分析をつうじて、その現象の社会性を明確化する認識を生みだす。

　ポイントは明確である。資料の収集や観察の実践が「社会調査」でありうるかの内実は、そのプロセスにおいて〈社会的なるもの〉に対する認識をいかに組織的・方法的に生みだしているかにかかっている。そこでの観察や測定や実験は、具体的な現象の背後に潜む〈社会的なるもの〉を、どのような操作的な手続きあるいはデータ処理の枠組みにおいて浮かびあがらせているのか。

　問われているのは、その一点である。

　いうまでもなくこの理解は「社会」のとらえかたしだいで、広くもなれば狭くもなる。とらえかたで変わるとはいうものの、あらゆる解釈が許容されるというわけではない。「社会」の理解そのものが、歴史的・社会的に規定され、一定の拘束力を有しているからである。

　であればこそ、解明すべき〈社会的なるもの〉の立ちあげかたが問われる。これまでの研究は、この理論的対象をいかなる事実を通じて措定し、どのような方法を通じて把握しようとしてきたのか。その社会学的想像力のありようが参照され、検討されなければならない。

ニュース、ドキュメンタリー作品、口述調書

　社会調査は社会学の「得意技」「お家芸」のように考えられているが、社会学の研究者だけの独占事業でも専売特許でもない。

たとえば新聞やテレビのジャーナリストもまた、「取材」をおこなうが、これも調査活動である。社会でいまなにが起こっているのかについて、さまざまな情報をあつめ、ニュースやドキュメンタリーの作品にまとめていく。あるいは警察もまた「捜査」の名のもとに社会で起きた事件を綿密に調べるだろう。事情聴取や現場検証をつうじて証拠となる情報をあつめ、そのできごとの実態を「調書」にまとめて報告する。

　これらは「現実の生活世界に生じている現象」を対象とした観察や情報収集、説明の実践であるという点で、ここでいう広義の社会調査にあてはまる要素を有する。じっさい貴重な記録となっている成果も少なくない。一例にすぎないが、たとえば記録文学として高く評価されている石牟礼道子の『苦海浄土』[1969] は、水俣病の現実がいきいきととらえられ、読む者の心をゆさぶる。テレビのドキュメンタリー番組などのなかには、中途半端な論文やとおりいっぺんの調査報告がとてもおよばないリアルさにおいて、現実の問題をするどく伝える作品になっているものもある。

　しかしながら、放映された作品や提出された口述調書そのものは、そのまま社会調査の論考であるとはいいにくい。第1に、作成の基本的な目的がそもそも異なっている。第2に、その制作過程の概要や成果の全体が報告の形で、あるいは検証できるデータとしては共有されていない。第3にそこにおいて適応される方法論的・内容的な評

価の基準も、調査報告に学術的に要求されているものと異なるからだ。だから社会学の「論文」とまったく同じように考えるのは無理がある。

現象の個別性や事実の個性的な描写を超えて、その作品がいかなる社会認識を生みだしているか。その自覚や立場性を問うていくと、ジャーナリズムの作品や警察の捜査記録は、そのままで社会調査の実践であるとは位置づけにくい。

問題設定に依存する

別の例を挙げてみよう。

デュルケームが『自殺論』[Durkheim 1897 = 1985] で利用した資料のひとつに自殺者の死亡検分の記録がある。司法省の統計課長であったタルドの厚意のもとで、マルセル・モースが「年齢、性、法律上の身分、子どもの有無の別に分けるため」に利用した「二万六千人の自殺者の記録」[同前：15] である。あるいは、高野岩三郎らの研究グループは、東京の下町月島地域の衛生状態をとらえるのに市役所にあった「埋葬許可申請書類綴」を利用して死因を集計した [内務省衛生局 1921]。これらは、当時の現実のなかで職務として作成された行政書類である。いわば窓口業務の記録であって、あらためて企画された社会調査によって収集されたものではなかった。

同じように、新聞や雑誌に投稿された「身の上相談」も、それ自体は調査資料ではない。しかし公刊されている

ので、誰でも比較的かんたんにさがしだしあつめることができる。アメリカ社会に移住したポーランド移民が故郷におくった「手紙」の束も、同時代の移民研究の社会学者は新聞広告をつうじてひろく買いあげることができた。しかし、1つひとつの投稿も個々の手紙も、それ自体は社会に対する認識を生産しようと意図して書かれたものではない。

　にもかかわらず、研究者の問題の設定のしかたや解釈枠組みの設定しだいでは、調査研究論文の素材となりうる。

　新聞の「身の上相談」は当該社会における不幸の諸類型をさぐる資料となり［見田宗介 1965］、「手紙」は故郷とのつながりをもつ移民たちの社会意識の分析［Thomas & Znaniecki 1918-9＝1983］として、「社会に対する認識」を生産した。月島調査が工場労働者の多く生活する地域コミュニティ研究だといいうるのも、あるいは移民研究の『ポーランド農民』が社会調査の実践であるととらえうるのも、その資料自体がもつ特性や資格によるものではない。研究主体の「問題設定」が組織した収集や処理や分析において、社会認識としての主題性や実証性や体系性が生みだされたからである。

　このことは、ひるがえっていえば、いかなる配布回収の方法であれ、調査票による「質問」に対する「回答」の収集さえあれば、有益な社会調査であるという見かたが、単純で初歩的な直観でしかない事実とも対応している。データは、あつめればよいというわけではない。調査をしさえ

すれば論文が書けるという前のめりの期待が、不用意で甘い思いこみでしかないのは、それゆえである。

認識生産の過程としてとらえることの意義

「社会に対する認識を生産するプロセスの総体」という規定に込められている、いくつかの含意をあらためて確認しておきたい。私自身は、社会調査のプロセスを、①問題の組織化、②対象の設定、③データの収集、④データの処理、⑤データの分析、⑥論文を書くという、相対的に区別される複数の作業の局面の集合、すなわちそれらの総体としてとらえている［佐藤・山田編 2009：3-107］。

第1に注意すべきは「プロセス」の理解である。

このプロセスは必ずしも作業の順序ではない。また技術によって動かしがたく決められたものでもない。つまり、機械的で一方向的な生産ラインの工程のようにイメージするのはまちがいである。局面を行きつもどりつすることがある。主体である調査者が、対象の特質と解明課題の要請にしたがって独自に組織する、データの収集と処理の過程である。すなわち調査する身体が、行為遂行的に構築する観察のプロセスであり、対象となる事象やデータとの対話である。その過程をつうじて、社会認識を生産する。

第2に論ずるべきは、その「社会に対する認識」の意味である。

すでに述べているように、ここでの生産の内実を問われるのは「社会」にかんする知識であり認識である。この点

は、実際の内実の判定において「社会とはなにか」の論議を避けられない困難としてかかえこむ。しかしながら、省略してしまうわけにはいかない。

　個別的で具体的な現象から、どのような「社会」認識を、どのように立ち上げているか。その検討を不可欠のものとして指示しつつ、しかしながら、この規定は社会を一義的に固定化しようとするものではない。「社会」の多様なありようを措定し、複数の立ち上げかたを許容していることも見のがさないでほしいと思う。

　第3の「総体」は、調査の意味づけがこれまでデータの収集過程だけに集中してきた理解への批判である。

　社会調査は現地調査としての観察や、データの直接収集の過程という、ある一部分だけを意味するものではない。事前の下調べや文献研究も、分析や考察の過程もまた、社会調査の欠くべからざるプロセスである。社会調査をデータの収集と処理に限定し、検証や論証や分析の過程と区別したり、論文としての公表を通じた認識の社会的共有の局面をふくめない考えもあるが、社会調査のとらえかたとしては不十分である。

　第4に、この認識の生産過程は、その基本において相互作用を本質とする。そのことも、あらためて強調しておこう。

　すなわち、このプロセス自体がコミュニケーションである。それはなによりも被調査者（対象者）との「対話」としてのコミュニケーションであるが、同時に、物言わぬ対

象を「解読」するという意味でのコミュニケーションでもある。さらには対象となる現実に接近し、説明しようとしていく「自己」とのコミュニケーションでもある。他者との対話である、と同時に、自己のそれまでの知識や認識を修正し、あるいは更新していく対話である点にも注意が必要である。

質問紙の組織力：1つの技術革新

さて、さきほど社会調査を6つの局面に分類したが[42]、そこに挙げた順番通りに説明していくと、社会調査で多くの学生たちが直面しがちな問題の配置が、むしろわかりにくくなる。プロセスの論理的な順序よりも、現実的な問題があらわれる局面から考えていったほうがわかりやすい。まずは③の「データの収集」の局面から、この社会認識の現実的な生産過程において注意すべきことを論じていこう。

現代の社会学の方法意識において、不可欠の中心的な技法として教えられているのが、「質問紙調査（調査票調査）」である。この技法をいかに位置づけるかは、社会に対する認識を生産するプロセスをどう組み立てるかという自分の課題を考えるうえで、大切な切り口である。

私の個性的すぎる解釈かもしれないが、質問紙調査はデータ生産における1つの技術革新であった。印刷によって

---

42 この詳細については、『社会調査論』［佐藤・山田 2009］の第1章から第6章で述べている。

複製され、同一の記入フォーマットを有する質問紙（調査票）は、まさにその同一性によって、対象者との対話から変数と値をひきだす効率的なしくみをつくりあげたからである。と同時に、多人数の調査者による協力・分業を可能にした。すなわち、調査のプロセスに質問紙が媒体として介在することによって、多数の調査員が面接を分担する大規模調査、あるいは郵送調査による大量サンプルのデータ収集が可能になったのである。

　われわれにとって、印刷された調査票は見慣れた、まったくあたりまえの存在のように思える。しかしながら、その形態的な特質と存在意義とを考察することは、データの特質を考えるうえでも大切だろう。メディア論といういささか意外な側面から、社会学の方法とはなにかを論ずることになる。

　質問紙調査における調査票とはなにか。それは、いかなる認識を生みだすメディアなのか。

調査票のもつ３つの機能：リスト／カード／マニュアル

　第１に、それは調査主体のもつ問題意識の一覧表である。

　もうすこし正確にいえば、問いかけの形に具体化され、操作化された問題関心のリストである。調査者自らがなにをとらえようとしているのか、それが質問の集合として系統的に明示されている。

　その意味では、聞き書きやヒアリング調査で必要な、相

手への問いかけの具体化と、それほど異なるものではない。であればこそ、質問紙（調査票）をうまく作成できるかは、調査研究の成否を左右する。

その一方で、のちに触れるように、質問紙を媒体としては有効に利用できない「主題」の領域も現実の「現象」もまた、研究主体がいだく問題意識や対象の設定にはありうる。その意味で、質問紙調査はデータ収集の全域をおおうほどに有能でも万能でもない。

第2に、質問紙はカードである。

大きさと形が同じであるだけでなく、記入場所がすべて決められている。つまり記入のフォーマットが決められたカードである。いいかえると、把握しようとする「変数」において、それがとりうる「値」の記入欄が、あらかじめ明確に指定されている。1つの調査票は、1人の個人ないし1つの組織と対応していて、単位が明確である。そのことも、このカードのもつ機能性につながっている。

これを現地調査のフィールドノートと比較すれば、質問紙調査票の形式のもつ効率性は明確であろう。フィールドでの聞き書きは、さまざまな局面のさまざまな変数への言及がふくまれているにせよ、カードのように記載場所は一定しておらず、またどこで記述を切り分けてよいのか、単位とすべき形式が明確でない。

これに比して、質問紙調査の調査票は、1つひとつの対象に対する診断カルテである。用意されたカードに記入欄が用意されている。選択肢とは要素へのあらかじめの書き

分けである。だから、比較にならないほど読みとりやすい。順序を変えてならべかえ、分類するのも容易である。集計することで、また全体の分布を見えやすくすることもできる。

標準化された記入カードは、まさに印刷という複製技術のたまものである。その性格が、「変数」と「値」の適切な設定、効率的な集計やクロス分析、さらには高度な多変量解析を可能にしている。もちろん、この利点を活かすためには、必要な集計分析の技法に耐えられるだけの「量」があつめられなければならない。

第3に、質問紙はマニュアルである。

調査者にとっても、被調査者にとっても、行動としてなすべきことが指定され、具体的に指示されている。それは一面では、前述のカードとしての有効性を高める説明でもある。

質問紙は、調査者がなすべきことのチェックリストの役割をはたす。そこに挙げられた問いをすべての人に漏れなく、同じように尋ねることを強いる。それゆえにデータの取りこぼしが起こりにくい。記入すべき場所を空欄として用意し、選択肢として明示していることで、記入のしかたもまた標準化される。具体的な問いかけの質問だけではない。調査票には、調査の趣旨の説明やていねいな挨拶までもが印刷され、面接調査でも調査員はそれをただ読みあげればよい。そこまで規定されているがゆえに、マニュアルなのである。

であればこそ、データ収集における分業が可能になり、多人数が同時に多地点で協働することができるようになった。まさしく、データの大量収集のための技術革新であった[43]。広い地域範囲にわたって対象者数も多い大規模調査が、このマニュアルとしての特質において成立したからである。被調査者自身が読んで記入する自記式の郵送調査も、この特質ゆえに可能になっている。

質問紙によるデータ収集の弱点

　複製技術時代の紙としての印刷物の特質こそ、質問紙が効率的なデータ収集のプロセスを、組織的に構築することができた根拠である。それゆえ「標準化調査」ともいわれる。しかしながら社会調査の総体を考えるなら、これが社会学のデータ収集方法の多様な形態にすぎないことの認識もまた重要であろう。

　質問紙にもまた、弱点ととらえるべき問題があるからである。

　第1に、この収集は基本的に1回かぎりの応答である。すなわち、紙の上に固定された質問文に対して被調査者が一度だけ回答するという、1回だけのコミュニケーションに、収集形式そのものが限定されている[44]。

43　今日いわゆる「ビックデータ」と総称されているインターネット上に蓄積されたデータを、単純に質問紙調査データの拡大として位置づけることができないのは、データをデータとして規定する形式性が不明確であり、ときに明確に欠如しているためである。

応答の自由さや無制限の反復可能性は、そこにない。この点は、聞き取り調査と、その性質が大きく異なる。直接面接の聞き書きならば、疑問に思ったりわからなかったりした内容を、さらに聞きなおし問いなおすことでより深く知っていくことができる。しかしながら質問紙調査にはそうした往復のコミュニケーションを、その場の状況に応じて拡張する余地はない。対象者に直接に面接し調査員が記入する形式での対面収集であっても、むしろ対象者との予定外のコミュニケーションは、かえって回答に影響をあたえてしまう危険な雑音として排除されるだろう[45]。

　別な観点からいえば、質問紙には印刷内容として事前に認識されている変数しか盛りこむことができず、あとから気づいたとしても、くわえたり差しかえたりすることはできない。いわゆる量的アプローチが「検証的」であり、質的アプローチが「探索的」「発見的」であるといわれるのは、この特質を敷衍したものにすぎない。そこに盛りこんだ以上の記述のくわしさや正確さも期待できない。ダブルバーレル[46]の設問など、注意しなければならないのはそれゆえである。

　第2に、質問紙が収集しているのは、基本的に被調査者

44　一方で、同じ対象集団を継続的に調査する「パネル調査」などは、この一回性の問題をのりこえようとする努力である。
45　たとえば、ランドバークは面接調査員について「彼らは、回答に影響するような抑揚を声の中に潜ませないことが重要であることを悟らなければならない」[Lundberg 1942＝1952：206]と述べている。

のことばによる反応でしかない。ランドバーグは郵送を念頭に「質問紙は、文字を解する人びとに与える一組の刺激であって、その刺激の下で彼らがなす言語的行動を観察するものである」[Lundberg 1942＝1952：206]と規定したが、この古典の認識はまことに正しい。

それゆえ、2つの方向での方法的限界が指摘されるだろう。

1つ目は相対的なもので、ことばにならない反応もしくは声にしにくい問題領域の存在である。たとえば、性に深く関係する問題領域などについては抑圧も一般的に強く、露骨には話題にしにくい。そこにはプライバシーの観念もからんでいく。聞き書きやヒアリング調査が、この限界を原理的にまぬかれているわけではないが、話してもよいという信頼は個別的なものであり、面接状況でのコミュニケーションのほうが、そうした関係を築きやすい。

2つ目は原理的なもので、行動がとらえにくい。意識化しているものであれば、ことばでもその行動の有無を対象化できるが、いかなる行動なのかの特質の把握はむずかしく、無意識レベルの行動はとらえられない。調査主体も知

46　ダブルバーレルとは、問いの論点が2つ以上ある設問である。たとえば「あなたは子どもたちがマンガを読んだり、ゲームに熱中したりして時間をすごすことは、勉強に悪影響をあたえると思いますか」という質問である。マンガを読むのは読書習慣につながるからよいが、ゲームへの熱中はよくないと思っているひとは、どう答えてよいか迷う。また集まってきた回答にしても、マンガに対する評価なのか、ゲームに対する評価なのかの区別がつかない。

らず、被調査者が気づいていない行動など、そもそも選択肢にもできない。せいぜいが「その他　具体的に：　　」という空欄設定で対応する以外にはないが、記入はあまり期待できず、結果を分析に活かすこともむずかしい。

　また、その集団内で使われる特有のことばや用法には、その場に固有のリアリティや意識構造がうかがわれることも多いが、これも質問紙に載せてとらえようとするよりは、眼や耳の直接観察を通じて把握するほうが容易であろう。いずれにせよ、意識的な言語反応以外のデータについて感度が低く、質問紙による収集は、そうしたデータ収集を必要とする問題意識にとって、それほどには効率的でない。

　第3に質問紙による調査が、調査者が対象者と面接しコミュニケーションする「現場」が意味をもちにくいことも、調査の目的次第では弱点となろう。自宅を訪問しての面接調査の場合、その生活の場の印象や観察をともなうこともあるが、こうした認識は活かされにくい。その収集における分業の組織的な特質ゆえに、データを収集する面接調査の場（郵送調査の場合、この面接の場自体が存在しないことになるが）と、データを処理・分析する作業の場が離れて、まったく無関係なプロセスとして切り離される傾向があるからだ。

　調査研究の担い手もまた、調査員と研究者に分裂し、その役割も異なってくる。現地調査であれば重要な役割を果たすであろう、現場にのぞむ個々の調査研究主体の感覚的

で身体的で個性的な対象認識が、質問紙による組織調査ではなかなか活かしにくい。面接の現場で気づいたことを調査票に盛りこもうにも、すでに手おくれである。そもそも、現場において対象をとらえるという、観察に固有の発想が意味をもつようには位置づけられていない。

工場生産のラインプロセスと手工業的な熟練

日本で「世論調査」とか「アンケート調査」とかいわれた質問紙調査が本格的に、また盛んに実施されるようになったのは、戦後のことである。

尾高邦雄『現代の社会学』［尾高 1958］は、1950年代における調査の規模の拡大、組織や段取りの複雑化および標準化を指摘し、社会調査における「手工業的段階から工場制工業的段階への推移」が起こったと論じた。たしかに、質問紙調査は標準化の利便と分業の効率とを生みだし、「工場制工業」のライン生産のように収集―処理―集計―分析の作業を順序立て、集団が分業して調査を行えるようなプロセスを組織した。

しかし他方で尾高が、その工場制工業段階に「調査プロセスの長期化」を感じているのはおもしろい。事例調査のほうがかならず長期間を必要とするに違いないという、今日の通念に反しているからだ。

ここで尾高は、かつての手工業的調査には「二、三週間の現地滞在から得られたデータを整理すれば、それがただちに調査報告となるというような形態」もありえたのに対

し、工場制工業的調査では「調査の企画から調査結果の発表までに一年ないし数年を要するような長期調査」[尾高1958：166]にならざるをえなくなったと論じた。

　もちろん、現地調査を綿密にじっくりおこなおうとすれば、長期調査とならざるをえないことは尾高も知っていただろう。しかしながらこの指摘は、現代の社会調査が質問紙調査のデータ収集を調査会社にアウトソーシング（外部委託）することで、見えなくしてしまっているプロセスがあることを思い出させてくれる。その部分で生まれる負担の軽減それ自体はメリットに数えるべきことだとしても、外部委託のブラックボックス化が、対象との関係のいかなる問題を隠してしまうかはあらためて論じられてよい。工場制段階の質問紙調査には、多くの人員を動員し一定の教育をほどこして品質をそろえ、組織的におこなうことに付随する困難がつきまとう。

　その一方で、1950年代の社会学者の洞察は、職人的で手工業的な熟練が、短期滞在の現地調査であっても有益なものとしうる可能性を浮かび上がらせている。そのことも、見のがすべきではないだろう。

第7章 調査研究のさまざまな局面
：方法としての社会調査（その2）

　さて再確認だが、調査研究のプロセスは、①問題の組織化、②対象の設定、③データの収集、④データの処理、⑤データの分析、⑥論文を書くという6つの局面に区分できるものであった。

　第6章では、まず社会調査としての観察や対話の困難があらわれやすく、また論じやすい③データ収集の局面をとりあげた。質問紙の技術革新では解決できない領域での調査研究にも、検討を拡大した。こうした多様性は、じつはそれに先行する②対象設定というプロセスにも、また後続する④データ処理や⑤データ分析というプロセスでも見いだすことができる。

　①から⑥の局面の順番は、認識の自然な手順ではあっても、作業を進めていくうえでのもど・れ・な・い・段階ではない。あえていうならば、その「観察」を論文として組み立てるうえでの論理の順序のようなものである。くりかえしになるが、じっさいの作業を、最終的な論文の論理の順序のとおり進めなければならないわけではない。

対象設定の局面と「全体／単位」

　さて、②の調査対象をどう設定するかという局面での課題を考えてみよう。この対象設定の局面は、問題意識の現実化であり、現実の対象との出会いである。と同時に、対象を探究する認識枠組みの構築であり、収集しうるデータを決定することでもある。

　たとえば、さきに論じた質問紙の組織的データ収集の強みをいかすためには、一定の特質を有する対象が必要である。その対象の特質とは、（１）ある単位の集合として対象の全体が把握できること、（２）その単位を代表して回答してくれる人間がいることである。ここでいう単位は、個人から世帯や組織までかなり自由に設定しうる。質問紙の１票は、この単位の１つに対応している。

　しかも忘れてはならないもうひとつの特質がある。（３）調査すべき全体がすでに理論的もしくは現実的にわかっていることである。

　技術的には、調査対象の全体がなんらかのリスト（名簿）のかたちで押さえられていなければならない。全体を操作的に押さえるリストがなんらかの形で現実に存在していればこそ、すべての該当者を対象とする悉皆調査も、標本抽出（サンプリング）の論理をくわえた標本調査も企画することができる。

　操作可能な全体が最初から設定できるかどうかは、たいへん重要な分かれ道である。全体が設定でき、それを構成している単位から、標準化されたデータ収集が可能である

という見とおしのもとで、質問紙調査はようやくその力を十全に発揮する。

　しかしながら、そのような単位の設定と全体の設定とを、最初から操作的にはおこなえない事象もまた、社会研究では多い。

全体が最初からは見えていないケース：全体の想像とその複数性

　たとえば、ある地方都市でブティックの地下室から女子学生が誘拐されるという流言が広まり、社会学者の調査が要請された [Morin 1969 = 1973]。この事例の場合、個人を単位にして全体をとらえるような枠組みの有効性そのものがそもそも危ぶまれる。かりに個人に焦点をあてた調査を考えたとして、流言を直接に聞いて伝えた人の全体は最初からは見えていない。

　それらの網羅的な洗い出しは労苦の多い大仕事であり、精確な遂行はたぶん不可能に近いだろう。流言というできごとの特質が、「直接に聞いて伝えたひと」の規定をむずかしくしている。新聞報道などがかかわって話題になっていたため、聞いたという事実自体がすでにあいまいになっているからである。

　こうした流言の場合、単位の集合としての全体という対象設定の枠組みではアプローチしにくい。だからオルレアンの女子学生誘拐のうわさ研究は、この流言現象それ自体をひとつの個別のできごととととらえ、その流布拡大の経路

をさかのぼり、そこにかかわった主体を調べ、伝達の異常増殖を生みだした状況の構造や社会的条件をさぐっていく以外にはなかったのである。「不法滞在外国人」の調査でも、「性的マイノリティ」の調査でも、対象となるべき主体を網羅するリストが存在することは考えにくく、また存在するとしてもその入手や利用には固有の困難がともなうであろう。

　ある村をフィールドとして選ぶという場合でも、その村の帰属する全体がつねに明白なものとして見えているわけではない。しかも問題設定のしかたをどうするかで、その全体は複数にも、複合的にもなりうる[47]。

　たとえばその村について、同族団的な構造を基礎にして運営されているという特質に焦点をあてている場合と、外国人花嫁が多く定着しているという特質に焦点をあてた場合とでは、その主題の論述をつうじて浮かびあがらせるべき全体は異なるだろう。当然ながら、比較対象として選ぶべき村の具体的なひろがりも変わってくる。

　上の例にあげた2つの主題すなわち問題設定は、ある意味で同時に存在しうるものである。ということは、1つの事例の背後に複数の全体がありうる。調査研究の最初から、つねに全体が明確に押さえられているわけではなく、ただ事例が個別的なものとして見えているにすぎないという出発点もあるのである。

---

47 「フィールドとしての個人」という、ライフヒストリー研究における私の対象設定の議論の基本は、こうした発想にもとづく。

こうした対象の設定にまつわる課題は、テクストをあつかう内容分析にも存在する。つまりフィールドワークや現地調査だけの論点ではない。たとえば、新聞に投稿された住民の投書の分析を、その問題に対する人びとの考えを把握する手段として考えてみよう。収集すべき単位が、個々の投書であることは明確である。しかしながら、その標本とすべき単位が属する、形式としての全体はいかなるものと考えられるか。

　ちょっと考えただけでも、複数の全体が設定できる。

　たとえば、（１）ある特定の新聞の一定期間に掲載されたすべて、（２）同じ新聞の同じ時期に新聞社に投稿されたが載せられなかったものもふくむすべて、（３）同時期に他の新聞に投稿された同じような投書をふくむすべて、（４）ある特定の新聞の同投稿欄開始以降に掲載された投書のすべて、等々である。新聞の特質や編集者の判断をどうするかなどの論点を、明らかにしたい目的とつきあわせて検討するなかで、はじめてどのような全体を対象として設定すべきかが決まる。

　その意味で調査単位の設定もまた、「問題の組織化」のプロセス（①）でまず問われる、素朴な「問題関心」だけから直接的に引き出せるものではない。「問題意識」や「問題設定」の具体化が必要なゆえんである。

代表性概念の肥大

　すこしばかりの寄り道だが、「代表性」という概念の使

いかたの逸脱についても論じておきたい。

　1970年代から80年代にかけて、誤用や混乱をふくめ「代表性」論に過剰な重要性をあたえられて論じられたという印象がつよい。これも上述の全体と単位の位置づけの問題に深く関わる論点である。端的にいって、標本抽出という限定された特定の対象選択のプロセスにおいてのみ有効な論理を、対象設定の局面全体に拡げて論じはじめたあたりから混迷が深まった。

　標本調査は、すでに見えている全体からの出発である。それゆえに、対象として知るべき単位の集合に対して、選択した標本の代表性という重要なチェック基準があらわれる。

　これに対して、問題をかかえた事例や現象は見えているものの、その背後にある全体はまだ未知のひろがりとして、ばくぜんとしか指ししめせないような出発点もある。全体のひろがりは、分析そのものが描きだしあきらかにすべき課題として残され、構成すべき認識として開かれている。

　そのような事例調査に対して、標本調査とおなじように調査対象の代表性を問おうとするのは、概念の誤用である。その論文の問題関心にとって適切な事例かは、検討し論証すべき事例調査の課題とはなっても、代表性という基準を持ちだしてあらかじめ偏りを批判しようとするのは、濫用といわざるをえない。

　代表性をめぐる考えかたは、周知のように世論調査のサ

ンプリング理論において発達した。政治的に重要な意味を
もつ大統領選挙が、その理論と技法の洗練の具体的な場で
あったこと[48]は、偶然とはいえ無視できない効果を帯び
た。国民的な意思決定の科学的な予測という意味づけが、
強く印象づけられたからである。

　他方で考えなければならないのは、この選挙というでき
ごとが、シンプルで限定された意思決定ゲームであった事
実である。

　すなわち投票は、じつに単純明快なルールのもとでおこ
なわれ、予測の当たりはずれも開票後にははっきりとわか
る。全体は有限の有権者の集合としてすでに指定されてい
る。1人ひとりは1票の投票の権利しかもたない。そして
当落はその投票を集計した多数決で単純に決まる。事前の
得票数の予測が当たったかどうかも、その数字で明確に決

48　1936年アメリカ大統領選挙のいわゆるクォータ法の成功において、
事後検証された収集データの偏りは、サンプリングの重要性に気づか
せ、その理論の発達をうながした。より多くのひとを調べればより正確
にわかるという、ばくぜんとした通念が裏切られたからである。240万人
近くを調査したリテラリー・ダイジェスト社は大量の郵送配布の台帳と
して、自社雑誌の愛読者名簿、電話加入者名簿、そして自動車所有者名
簿を使ったために、低学歴・低所得の下層階級や女性、若者が対象者か
ら排除される傾向が生じた。すなわち、より多くの国民にひろく意見を
聞いたつもりが、じっさいには恵まれた層の意見しかとらえていなかっ
た偏りを、その検証は明らかにしたのである。さらに1948年大統領選挙
における予測の「失敗」からは、標本選択を確率にまかせる「ランダ
ム・サンプリング法」が発展した。具体的には、佐藤・山田［2009］お
よび吉田・西平［1956］を参照。

められる。誰がなぜ選ばれたのかの内実にまでふみこむと、じつは予測研究の評価がむずかしくなるが、母集団の分散と調べた対象（標本集団）の分散との誤差ならば、労せずに提示できた。

　そのため予測の当たりはずれの問題は、サンプリングという標本抽出の局面にだけしぼられて論じられ、適切な代表性を確保する論理としての統計的な無作為性が浮かびあがってくることとなった。

　選択を確率にゆだねるサンプリングが、もっとも科学的な代表性を保証する論理であるという主張は、じつはこの事例の限定すなわちゲームとしての単純さに依存している。その「科学性」への信頼は、この単純明快な「選挙」ゲームという事例の場の特質と論点の限定において、不用意にも強められたのである。

　しかしいうまでもなく、社会における決定は、多くの場合これほどに単純なゲーム構造をもっていない。しかも、こうした代表性の論理の妥当性は、標本抽出の統計的誤差に局限すべきものであった。「非統計的」といわれる「誤差」の議論にまで、代表性論を拡大するのは、くりかえしになるが初歩的な誤用である。さらに対象の設定や選択のプロセスの全体にまで、その含意を拡大させるべきものではなかった。ましてや研究法それ自体の優劣に言及しようというのは無謀である。

　代表性という概念の優勢に対抗して、事例調査の対象設定を「典型性」という論理によって擁護しようとする試

み[49]は古くからある。しかしながら、この「典型性」概念の有効性はもちろん疑わしく、そうした事前の正当化が必要かどうか自体を、私は疑問に思う。

その意味で「代表性／典型性」の2項対立は、答える必要のない疑似問題である。

データの処理と分析

社会認識生産のプロセスにおいて、データ収集の局面のあとに論理的に位置づけられるのが、データ処理とデータ分析の局面である。集めてきた資料やデータを整理し、あるいは一定の形式に書き写し、並べなおし、分類し、あるいは集計して、その意味するところを読み取り、設定した問題に対する説明をつくり上げていく過程である。

データ処理は、意味を読み取りやすくする工夫である。だから表にしたり、グラフにしたり、図解したりすることもふくまれる。このあたりのことは、あらためて別の章を設けよう。質問紙がこの処理においておこなわれる分類あるいはコーディングの必要を、プレ・コーディングの選択肢として先取りし、効率的な集計と分析とに結びつけていることはすでに述べた。

しかし事前の予備調査では回答のひろがりがまだ充分に想像できず、適切な選択肢が設定できないようなこともあ

49　中には「典型性」とは「質的な代表性」であるなどという、かなりとんちんかんな正当化を聞いたこともあるが、もちろんまったく無意味な弁明である。

ろう。また生活史のヒアリング調査や、エスノメソドロジーの会話分析などのように、その問題意識に適切な精度でのテープ起こしからデータ処理がはじまり、そこからなにを読み取り、切り出してデータとするかが、ふたたび検討されるような場合もある。

　もちろん質問紙においても、具体的に書いてもらった部分や自由に記述してもらった回答など、コーディングの処理が必要になる。コーディングは、質問に対する反応として集められた回答に、処理しやすいような分類をあたえていく作業である。

　しかしながらこの分類という作業の意味は、類似をいくつかのカテゴリー・ラベルにまとめて整理するというだけではない。データの拡がりの上に、分類の秩序を構築することであることも忘れてはならない。ここでいう分類の秩序とは、すなわちデータを一覧する枠組みの設定である。たとえばそれは、個々のカテゴリーを基礎づける枠組みの構築で、具体的には分類カテゴリー間の関係性として設定される。あるいは、それぞれのデータの意味するところを「値」[50]と位置づけるような「変数」の形成である。

　甲田和衛［1958］はラザースフェルド［1955］の考えを

50　選択肢でよく使われる「そう思う／どちらかといえばそう思う／どちらかといえばそう思わない／そう思わない」のような順序尺度は一元的な値の分類だが、アフター・コーディングはやはり概念的で多元的にならざるをえない場合が多い。であればこそ、コーディングあるいは分類を、機械的で技術的な集計のための手続きととらえるのは表層的な理解である。

紹介しつつ、変数の設定と発見とを、いわば言語の形成と同じような重要性をもつものと位置づけた。たしかに、その概念の設定によって新しい見かたが組織される[51]だけでなく、対象を理解し、その説明をめぐって他者と討議することが可能になるからである。

データで実証するということ：実証という理念の厚み

観察の結果としてのデータの整理、その加工集計、さらには概念による分析に、万能のマニュアルはない。問題に対応した、謎解きの目的にかなった進めかたを、そのつどその資料の特質にあわせて工夫していくことが課題となる。

データを使って論証するということを考えるために、コントの実証主義の理念は、科学史の領域から提出された特異なものであったが、その「実証」という理念の意味の厚み[52]を確かめておくことも、無駄ではない。「実証的」という用語の複合的な含意は6つに明晰に切り分ける、という以下の論点はもともと観察の意義を論じたものだが、論文における論証の意義を見さだめるうえでも、示唆的であ

---

51 これは「新語」の機能に近い。新語については、『歴史社会学の作法』［佐藤 2001］で論じている。
52 この複数の意味について、私が最初に教えられたのは、稲上毅『現代社会学と歴史意識』［1973］においてであったと記憶する。西洋でも浅薄な科学主義と思われていたらしい「実証主義」だが、基礎とすべき理念を打ち出すにあたって、辞書の通念をのりこえる試みがなされていたことに感銘を受けた。

る。

　第1の意味は、空想的でなく「現実的」であることを指す。想像で描いただけの観念としてではなく、実際の現象つまり現実のできごととしてとらえ、それを論ずる。もちろん、想像という実践の意義を排除しているわけでも、軽視しているわけでもない。暴走しやすい想像を観察に従属させるという戦略をとるだけで、想像力のもつ重要でつきることのない役割を否定するという意味ではない。

　第2は、無用に対する「有用」である。ただ20世紀をつうじて各方面で拡大した産業とむすびついた有用性や、利潤にゆきつく価値としての有用と異なり、社会改良に資するという理念に位置づけているところが特徴的である。たんなる好奇心の個人的満足や私利のためでなく、人間社会の不断の改善を必然的に生みだすようなかたちで、その効用を設定している。たぶん社会学の論文の有用性も、ベタな意味での「役に立つ」のご利益とはすこし違う。

　第3は「確実性」をあたえるという意味だという。それは研究者たちの論議に、拠るべき基礎をあたえる。すなわち、どっちつかずで決められない逡巡や、とりとめのない懐疑をしりぞけることができる。懐疑主義とは、無限に前提を疑う原理主義がおちいった理屈のどうどうめぐりである。すでに役だっている（あるいは逆に役だたなかった）現実のありようを精確に共有することで、膠着状態におちいった際限のない観念的な議論を打ち切ることができる。

　第4に、あいまいに対する「精確」という性格を挙げ

る。それは輪郭がぼやけて複雑でわかりにくいものを、明瞭ではっきりとわかるように切り分けることを指す。社会現象を、変数や関数の複合で説明していくことも、日常語のあいまいさを専門用語の精確さにおいて概念に鍛えあげていくことも、この一例であろう。

　第5は「組織的」という意味で、この用法にはこの時代の実証哲学に特有の含意のひろがりがくわえられている。コントによれば、18世紀の哲学は既存の社会秩序に対して革命的・批判的であっただけで、破壊や分解以上の成果を生みださなかった。新しい世紀の学知は創造的・組織的でなければならない。すなわち新たな秩序をつくりだす説明でなければならない。実証的とは、知識の批判や否定をのりこえて、新たな知識を構築し生産することをふくむ。

　これは第6の意味の「相対的」という特質とも深く関連している。実証の相対性は、神による説明のような絶対性とは異なり、比較を許容する。比較を媒介として生みだされる、その相対的で相関的な特性ゆえに「自己に正面から対立する理論でも、その固有の価値を正しく判断することができるし、しかもなお、自己の見地の明晰さ、決定の堅固さを損なう恐れのあるような、無益な妥協に陥ることもない」［コント1970：180-1］立場に立つことができると説く。

理論のつくりなおし

　いまは古典としてもあまり読まれない総合社会学者が提

示した実証の理念を、自らの調査のなかで方法として具体化したのは、次の世代の20世紀の社会学者たちであった。

　たとえばマートン（R. K. Merton）は、女性人気歌手による18時間におよぶマラソン放送の戦時公債募集の調査研究が、情報の内容による宣伝ではなく、放送しつづけるという行為それ自体による宣伝効果という新しい視点を開いたことなどを念頭に、社会調査には理論命題の妥当性を検証するだけでなく、理論を創造し改善し明確化するという意義がある、と説いた。

　たしかに社会調査は、予期しなかった事実や思いがけない現象を発見し、さぐり出して共有する機能がある。知らなかったデータや意外な事実は視点の変更をうながす。しかしながら、ただただ雑多な事実の無秩序な集積では、理論枠組みを変える力をもたないだろう。ある社会学者は「列挙的帰納」の意義を認めつつも、それは類似や共通にもとづく累加的で平板な一般化にすぎず、それとは異なる水準の抽象である「分析的帰納」の実現こそが課題である、という［Znaniecki 1934 = 1971］。

　一般に理論とよばれているもののなかには、暗示的で操作化されていない仮説、適切に定義されていない概念、単なる分類カテゴリー、論理的関係があいまいな命題、事後的解釈などが、深く考えることのないまま雑然とふくまれている。認識生産プロセスとしての社会調査の実践は、事実をえがきなおすだけでなく、理論といわれている認識のあいまいさをきたえなおし、つくりなおしていくのであ

る。

媒体としてのコンピュータ

　データの処理および分析の局面で、もうひとつ簡略にせ
よ触れておかなければならない技術革新が、コンピュータ
の発達である。

　20世紀における計算機発達の歴史をふりかえる余裕はな
いが、1960年代の電卓の発明と普及すら、手集計の検算に
大きな効率性をもたらした。1980年代以降のパソコン・ワ
ープロの普及や、それを前提としたデータ分析ソフトの充
実は、社会調査のデータ処理プロセスですでに組み入れら
れている。記憶する計算機であるコンピュータが、データ
の集計や解析において果たした役割は大きい。

　しかし、まだ焦点化されて論じられていないこの便利に
ついても、1回限りの集計機能の効率性や機械的な精確さ
において評価するのは、あまりに狭量である。むしろデー
タが1つのデータベースとして共有され、クロス集計や多
変量解析などを、くりかえして試みられる状況を、コンピ
ュータの記憶力と計算力とが可能にした。そのことを評価
すべきである[53]。

　調査者自身をふくめて、疑問や不確実な印象をもったな

53　その意味では、質問紙調査で生まれた数量データのファイルと、テ
クストコーパスとして作成された言語データのファイルとに、かつて考
えられたほどの差異はない。従来の思想家のテクスト集成である「全
集」や「コーパス」の有用性とも通じる。

ら誰でもが確かめることができる。新しい思いつきで集計しなおすこともできる。研究者が認める精確さとは、そのように証拠とされたデータを、他者が検証できる自由の共有において構築される。

　共有という観点から考えると、最近のコンピュータの発達は新たな資料共有の可能性を示唆している。CPU の高度化と記憶容量の増大が、ことばや画像を直接的なデータとして保存し再現することを可能にしているからである。さらには検索等々の機能を備えたデータベースソフトの充実は、ことばの集積の分類や関連の測定など新たなアプローチを可能にした。

　これらの技術革新は、かつてのデータ処理や分析が、数字とことばを根本的に対立させ、数量的データと質的データとをのりこえがたい溝で分けてしまった歴史を揺るがす要因ともなりうる。しかしながら、その可能性の具体的な追求は、これからの社会調査の方法の課題であろう。まずは、それぞれが具体的な研究の局面での工夫を積みあげていくところからはじまる。

社会認識の生産プロセス再び

　やや解説が入り組んでしまったが、社会調査を方法の側面から概説するとすれば、以上のような多様なやりかたをふくむ社会認識生産の試みだということになろう。

　そのプロセスは、問題意識の明確化から、対象の設定、データ収集、データ処理、データ分析、さらに結果の社会

的共有としての報告書や論文の作成までをふくむ生産過程の総体として設定され、一定の論理的順序をもつ。

　しかしながら、この章の冒頭でも述べたとおり、この順序を一方向的で不可逆的な1回限りの「工程」と考えるのは、いささか不自由である。それぞれの局面に属する具体的な作業が、順序を行きつ戻りつすることもあるからだ。分析が進んで説明変数が浮かびあがってきたために新たな収集が必要となる場合も、テープ起こしのようなデータ処理のなかで問題意識が生まれてくることもあって、論文が事後的に秩序立てて解説するようには現実の調査研究は整然と進まない。対象の実態をとらえるために、利用できそうな資料やデータはすべて、あの手この手で徹底的に活用する覚悟が必要だ。

　しかも社会調査自体が、1回ごとに完結する1回かぎりの孤立した実践ではない。先行する調査者たちの格闘や、やりなおしの自由のうえに、社会調査の方法の蓄積が生まれてきたことも忘れてはならない。

第8章 2項対立のあしらいかた
：疑似問題の流動化

　社会学には、じつに多様な2項対立の概念があって、論をくみたてていくときの素材にされる。尺度として利用したり、類型をつくる核となったり、段階を分けるために使えて便利だったりする。しかし、そこにも通念のイデオロギー効果がある。だから、こうした対照性を有する知識をどう利用し、使いこなすか。

　この章では、そのことを話題にする。

量的と質的：対立概念と考えてはならないもの

　第6・7章で論じた社会学の研究法では、あえて質問紙調査の効率性と便利とに最初の注目をおきつつ、そこから周縁化されてしまっている諸方法の重要性に触れたつもりである。じっさい、社会学の方法はさまざまな観点から評価でき、その分類は一元的ではない。にもかかわらず、あいかわらず「量的／質的」という抽象度の安定しない対立概念で、研究法や調査法や論文の基本的な特質を区分することが、まことに奇妙にも幅をきかせている。

　この2分法は、ときに「統計的研究法／事例研究法」あ

るいは「量的調査法／質的調査法」もしくは「定量分析／定性分析」「量的分析／質的分析」と、いろいろにいいかえられている。じつはそれほどには明確な区分ではなく、論文の組み立てかたにはあまり役に立たない。研究のおおまかな方向性を理念的に伝えてはいるものの、その方向はいささかイメージ的で確実性にかける。

イメージの抽象性にくわえて、とりわけて注意すべきは、その内容の不均等である。便利な形容詞として使われている、この2つの概念をみたす内容には、無視できない差異と、同質のものとしては並べられない特異さがある。

量的な調査研究には、共有できる技法の実質がある。対象設定の局面における「標本抽出（サンプリング）」、データ収集の局面における「調査票」の利用、データ処理の局面における「コンピュータでの集計・分析」の3つの組みあわせ[54]が標準の装備である。それは具体的な研究プロセスを構成している。

それに対して質的な調査研究のほうはというと、技法の実質もプロセスのイメージ[55]も、なぜか共有できる内容が特定されていない。分析方針や研究の基本的態度の表明にとどまり、具体的な技法の内実や手順は包括的には語られ

54　あらためていうまでもなく、この局面と技法の組みあわせはじつは必然的なものではない。詳しくは佐藤・山田［2009］参照。

55　職人的熟練が必要で、名人芸なのだといわれることもあるが、ここでも誤解が生まれる。統計的研究法でもデータを観察し、思考する身体がかかわる実践としての熟練や芸があるからだ。

ていない。ただ量的と対立し、その内実は多様であると指摘されるだけである。言及される手法も参与観察のフィールドワークから内容分析[56]、ビデオや写真の活用までたしかに雑多である。それを1つのものにくくる「質的」[57]の含意が決まらないことが、標準的な説明を成立しにくくしている。

しかしながら、私の理解ではそもそも「量的／質的」を並立させて、対照的なものであるかのように対比させること自体が、じつは現実の調査の実践に対して疑似的で作為的な枠組みの設定である。量と質ということばそのものの意味は、たしかに対照的で対等であるけれども、じっさいの社会調査法の区分として使われている「量的／質的」の形容詞は、同等の内実をもっているとはいいがたい。とりわけ「質的」の説明がかんたんでないのは、この概念のくくりが抽象的で広いからだけでなく、外から作られた残余であって、もともと余白でしかないからである[58]。

56　内容分析など、その初期形態は明らかに数量的な分析を中心としていたが、量的調査のほうが質問紙調査実施プロセスに狭く限定されイメージされているために、質的調査に位置づけられてしまうようなことになっている。

57　質的ということば自体に、そもそも日常語でも専門用語としても混乱がある。日常語では量と質という対比のほか、価値と結びついた用法（上質、質が落ちるなど）もあって、このことば自体が価値判断をおびやすい。研究者の専門用語でも、対象のもつ固有の特徴や性質に光を当てる英語の qualitative にあたる用法と、連続量として扱うことができないという意味の categorical に焦点をあてた用法はまったく異なる。

ほんとうは適当に要約するより、『社会調査史のリテラシー』［佐藤健二　2011］を読んでもらったほうがよいが、「質的」の形容が「余白」で中身のない概念だとまでいっているのだから、最低限の解説が必要だろう。

「量的／質的」の研究法分類の歴史性

　この量的／質的の研究法の2項対立は、原理的なものというよりも歴史的に生みだされたものである。いつごろに、どのようにできあがったか。

　標準的な調査研究法の分類として、量的／質的の形容が日本の社会学の方法論のテクストでさかんに使われるようになったのは、戦後の標準的な教科書として受容された福武直『社会調査』［1958］以降であった。ここで福武はチェーピンの3分類に依拠した戸田貞三の説明を脱して、あらたな2分類に整理しなおしている[59]。そのとき「質的」とはすなわち「非・量的」であるという、排他的で包括的な特質が強調された。

　その時代を考えるならば、この措置は戦後日本の社会学

58　「余白」だからダメで、意味も価値もないとは私はいわない。むしろ余白は、問う思考にとって積極的な機能をもちうるだろうという立場に立つ。ただ、外からつくられた輪郭の、写像のまぼろしなのだから、そこに一つの実体を仮定して臨まないほうがよい。その副作用を論じているだけである。

59　福武は「歴史的方法」を質的という分類のなかに吸収し、社会心理学で発展しつつあった「実験的方法」の位置づけをあえて棚上げするなかで、この量的／質的の二分法をつよく打ちだした。

と社会調査の状況を反映したものでもあった。サンプリングや尺度形成など新たな技術を取り入れた質問紙による研究法が、世論調査などの実践として輸入されたからである。その技法の有効性と教育の必要性を認めつつ、これまでの村落研究で使いこなされてきた現地実態把握の方法や、戸籍からの家族史研究、都市研究のフィールドワークなどを救い、組み入れておくことも、新しい社会調査法のテクストにおいては必要であった。

　だからこそ、それらを「質的」のくくりのもとに位置づけ、独自の意義をあたえておきたかったのだと思う。そのとき、個々の内実を吟味するよりもさきに「非・量的」というかたちで、一括した容器を用意してしまったのも、どこかやむをえない便法であったかもしれない。しかし、そのためにブラックボックスの性格が生まれたことは、いまにのこる副作用として自覚しなければならない。この性格は、もともとあったことばとしての意味に由来するものではなく、研究手法を分類する方法論の説明のなかで歴史的に生まれたというのが、私の解釈であり主張である。量的／質的の分類は、その本質において相互補完を予定する、共存的で折衷的なものとして構成され、流布した。

　1960年代から70年代にかけて、この量的／質的の2分法は、社会学の知知の特質を説明する「法則定立的／個性記述的」[60]、あるいは社会調査の意義をめぐる「仮説検証／問題発見」、制度性のちがいに焦点をあてた「フォーマル／インフォーマル」、方向性のちがいに焦点をあてた「エ

クステンシブ／インテンシブ」などなど、新旧入り交じった多くの概念の対（組みあわせ）をひきよせて、含意は複雑にふくれあがっていく。

しかしながら、その論議はいささか混乱したまま、あやうい実体化の錯覚を生みだすものであった。そこで言及された論点を、たとえば図表8-1のように整理したとき、どう見えてしまうか。対称的な特質を有する、2つの研究法が実体として存在するかのように思えるかもしれないが、じつはまぼろしである。

それぞれの概念の対比分類の軸は、その列挙羅列の範囲や数になんの必然性も秩序もない。ときにはお互いの論理の軸を直交させて、4象限の組みあわせで考えたほうが正確なほどにずれていたりする。さらに特質の叙述として、いくらでも気づいた対比を追加していける。どこまでいけば、全体をとらえたことになるのかも規定されていない。その融通無碍は、この列挙が無構造の累加的なもので、全体を分析的に押さえようとしたものでないことを暗示して

60　新カント派の哲学史家ヴィンデルバントが、自然科学と精神科学との違いを説明するために提示した。自然科学は「法則定立的 nomothetich」で、記述が例外なくすべての対象に当てはまり（全称命題）、必ずそうした結果をもたらす（必然判断）ような、普遍性をもつ法則を追究する。これに対し、精神科学としての人文・歴史科学は「個性記述的 ideographisch」で、記述は一つの対象のみを外延とし（単称命題）、現実にそうである（実然・確然判断）、そうした可能性がある（蓋然判断）との位相において、一回的・個性的な事実の形態を追究する。社会学では、研究法の位置づけをめぐって、この2項対立が論じられた。

図表 8-1　対比表の錯覚

量的調査	質的調査
多数の分布	1ケースの凝視
固定した問い	自由な問い
相関係数	意味的な関連
引き出された反応	見いだされた意味
仮説検証	問題発見
フォーマル	インフォーマル
エクステンシブ	インテンシブ
法則定立的	個性記述的
要素還元的	全体関連的
一方向的	対話的
表面的	深層的
連続的	カテゴリカル
数値的	言語的
科学的	職人（名人）芸的
確かだけれども面白くない	面白いけれども確かでない
etc...	etc...

いる。しかもある分類は、次節で論ずるように論者が「望ましいと思う特質／そうでないそれ以外」の価値判断を明確に投影しただけの区分だったりする。

　量的／質的の対比は、けっきょくのところ手段となる調査手法や対象となるデータの違いというより、研究者の視点や姿勢の違いを自己投影的に表示しているにすぎない。だから、量的／質的という形容にたよるのも、こだわるのもあやうい、というのが『社会調査史のリテラシー』のひとつの通奏低音である。

　しばしば調査研究法の優劣の議論にまでなり、ときには「冷戦体制」を思わせる対立にまでなったが、その多くは自らのイデオロギーを切断しきれないままの疑似問題であ

る。個々の観察の手法がいかなる特質をもつかという問題は誠実に論ずる必要がある[61]が、こうした区分の実践それ自体が生みだしている不安定な抽象性については、その関与を切断し、使わずに考える方法を冷静に反省すべき時期にきているともいえよう。

2つに閉じる思考のメカニズムを3つで動かす

　2項対立で見ようとするより、もうひとつ概念をふやして考えたほうが、見かたに動きが生まれていいぞということも、ずいぶん学生たちにアドバイスしてきた。内容も論ぜずに形式だけをとらえて乱暴な、と思うかもしれないが、意外と効果的である。

　2項対立のかたちで提示された概念には、きっぱりといさぎよく対象を分割し、そのちがいに光をあてる、なかなか便利な機能がある。だから、対立するAとBとを結ぶ線分は、論者が論点を整理し明確化する補助線となり、あるいは人びとの選択を測る効率的なものさしとして使える。

　たとえば態度の測定でも、AとBの対立を設定し、それぞれの考えを選択肢で答えてもらう。Aである／どちらかといえばAに近い／どちらかといえばBに近い／Bであ

61　「数量的データ」と「質的データ」の対立にとらわれてきた方法論議は、その用語がデータとしての実体化をはらんでいるかぎりにおいて疑似問題としてあらわれざるをえない。それゆえこの問題設定を捨てて、「データの質」の検討という視点の逆転が必要だと論じたのは、こうした問題意識にもとづく。

る。質問紙調査では、よくある形式だ。調査のデータ収集ばかりではない。論文の骨格をつくる概念としても、対立する2項目がよく使われる。たとえば「近代的／封建的」、あるいは「民主主義／全体主義」、おなじみの「個人主義／集団主義」などなど、たぶんいくらでもあげられる。

図表8-2

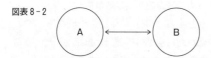

　まだこの学問を学びはじめたばかりのころ、このAとBとは、平等で対等で均等で同等の性質を有する概念として、固有の価値を内蔵して、そこに独立して存在しているのだと思っていた。図表8-2のように独立の理念として、等しい選択肢として、そこにあるだけだと。しかし現象学的な認識論などをかじり、社会学の意味世界の分析に親しんでみると、しだいにそうとも単純にはいいきれない構造を背負っていることに気づく。

　いっけん偏りなく無色透明に提示されている2項対立だが、じつはわれわれの内なるイデオロギーは、その前提でなにか根源的な位置決めの選択をしてしまっているのではないか。「自文化中心」で「現在中心」の価値観が、イデオロギーとして不断に介入しているのではないか。

　たとえばかつて流行した「近代化」論など、表からあふれるほど多くの2項対立概念によって、「近代社会」と

「伝統社会」を描き分けた。しかし、そのほとんどは論者が望ましいとおもう理想を「近代的」と名づけ、そうではないそれ以外の特質を対立させるよう、あとから探しだしてきて「伝統的」の空欄を埋めたきらいがある〔ヴェーラー 1977：9-11〕。

　Aを望ましいと思う立場からのBは、じつは「非A」のさまざまをひきうける都合のいい受け皿として使われていることもめずらしくない。すでに好ましいものをひそかに選んでしまったうえで、形だけ対立するようつくられた概念の対は、なんだか残りものを入れるゴミ箱のようにはたらく。なにより考える道具として不自由だ。図表8-3のようにAと非Aとで生みだされた概念空間は、平面的ですきまがなく、どうにも動きがない。

図表8-3

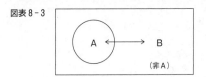

　そういうとき、あえてCという第3の項目を配置してみると、2項に閉じた概念の空間が動き出す。この智恵は存外に役に立つ。図表8-4が示唆するように、概念AとBとCの3つを焦点に、その背後に背負う意味範囲のひろがり（図形としての円／四角／三角）の関係も論ずることになろう。三角形の拡がりを背負ったCは、たしかにA／B（非A）の閉じた地平に、意味の一部分が食い込んで亀裂

を生みだしている。

　中味をよく考えていない例で申し訳ないが、「草食系」と「肉食系」とでオノコどもを分類したり、男女関係の変化を論じたりという思い込みは、けっこう現代的な通念として使われていて、意識による意識の分類に応用できそうである。試みに思いついた知り合いを分類してみると、あのひとは肉食系でこのひとは草食系と、それなりにあてはまるように思えたりする。たぶん「消極的／積極的」とか「フェミニン／マッチョ」とか「元気がある／ない」「媒介的／直接的」「人見知り／無神経」という自由な直観の言いかえが、この連想に複合しているからだろう。

図表8-4

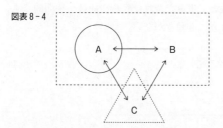

　その2項対立に、かなり意外な第3のことばを割り込ませる。たとえば「絶食系」とか「外食系」とかはどうだろうか。すると、安定してすべてに応用できるかのように見えていた2項での分類がゆらぎ、限定されていた見かたの枠組みが変わってこないか[62]。それは、暗黙の無意識のいいかえの連鎖が切断されるからである。

　中途半端な距離で、不十分な切れかたのことばを投げい

れれば、もともとの２項対立のどちらかに位置づけられ、
呑みこまれてしまうかもしれない[63]。しかし、構えとして
Ａ／非Ａのフラットな分類になりやすい２項より、３項の
ほうが動きをつくりやすい。ヘーゲルからマルクスへと受
け継がれた弁証法も、３項構造のダイナミックスではない
か。

変動の図式化にかくれた２項対立

　社会学が精力的に産出してきた「○○化 -zation」の変
動論の図式にも、ここで述べてきた対立概念の対と同じよ
うな問題が、さらに自覚しにくいかたちでひそんでいる。
　産業化、都市化、民主化、核家族化、近代化、大衆社会
化、脱工業化、情報化、国際化、合理化、専門化などな
ど、これらの変化を１つのことばで指ししめす概念には、
２項対立のことば以上に、抽象化し一般化されやすいあい

62　もちろん、この例はむりやりつくったいささか奇矯なものだが、じ
つはどんなものでもよい。基本の２項となる分類概念が「イヌ型」と
「ネコ型」で、そこに「カラス型」をくわえて３項にしても同じである。
「カエル型」でもいい。もうすこし既存の社会学の常識的な用法で説くな
ら、たとえば「近代的／伝統的」の２項があって、そこに「中世的」とい
う１項をくわえると、「伝統的」はそのままの形で意味をたもつわけに
はいかず、「近世的」や「古代的」との弁別における「近代的」を考えざ
るをえなくなる。

63　だから「雑食系」を代入しても、もともとの概念対立は動かない。
世の中で工夫された表現だという「ロールキャベツ系」(外は草食で中が
肉食)とか「アスパラの肉巻系」(外は肉食で中は草食)が２項対立の応
用でしかないのは、分類そのものをゆるがすものではないからである。

まいさがある。社会学のなかに深く根づいた進化論や発展論の視座とむすびついて、社会全体の歴史的変化（ときに進歩）をはかる尺度として使われたからである。

　比喩的な表現になるが、2項対立のいわば「線分」的な限定性が、あたかも「直線」のような無限性のなかで、その趨勢命題が拡大しつづけるような傾向のまぼろしを生みだす。そうした単線的な発展・進化の抽象概念は、社会学における理論枠組みや概念先行の弱点として、事例の多様性や複合性にこだわる歴史学から、ときに観念的なものとして批判されてきた。

　社会学的な思考が注意すべき落とし穴は、「類型」論と「段階」論の混同、もしくは変動を論ずる枠組みとなる類型を把握するための概念の作用と、変動の段階を分析するための概念の作用の無自覚な重ねあわせである。

　たとえばスペンサーの「軍事型社会／産業型社会」、テンニースの「ゲマインシャフト／ゲゼルシャフト」、デュルケームの「機械的連帯／有機的連帯」などは、社会や集団の特質を分類する類型であると同時に、近代への変動における段階ととらえてよい状態を表象している。これらの概念の対は、近代欧米社会が経験した古いものと新しいものとの激しい対立やすれ違いを素材にかたちづくられたものだ[64]。

　差異をとらえ考えるための「類型」概念としてではなく、変化の方向性や歴史的な移行を指示する「段階」概念として使われたとき、進歩や発展や改良といった見かた

が、論者の意図とは別に密輸入される。段階を示すレッテル（固定化された概念）として使われた、その分だけ、それぞれの類型の特質を支えている諸条件や構造の探索[65]がおろそかになる。あるいはそうした歴史的類型の理念型のなかで、さまざまな変化のメカニズムが作用している。その固有の連接の発見もまた、並行する重要な課題であることが見えにくくなるのである。

大衆運動の説明の図式演繹性

　もちろん、論文の書きかたのなかには、2項対立の概念の背後にある、論者が望ましいと考えるものをつよく押し出し、その主張にそって論を組み立てるやりかたもある。

　たとえば1960年代に「大衆運動」論の古典のひとつとしてよく読まれた、コーンハウザーの『大衆社会の政治』は、枠組みとした2項対立概念の前提にある価値判断から、説明や解釈が演繹的に組みたてられている。一面ではみごとで鮮やかでもあるのだが、その反面、前提となった

64　これ以外にもたとえば、メーンの「身分／契約」、クーリーの「第一次集団／第二次集団」、レッドフィールドの「民俗社会／都市社会」、マッキーバーの「コミュニティ／アソシエーション」など、あるいはハーバーマスの「示威的公共圏／市民的公共圏」「文芸的公共圏／政治的公共圏」［花田達朗 1996：28-41］など、さまざまをあげることができるだろう。

65　価値化され限定された抽象である1つの「○○化」が強調されることで、現実に同時に作用している多様な「△△化」を総合的に観察する努力が相対的に弱まることも副作用である。

主張の言いかえでしかなく、社会学の分析としてみると平板な印象がのこる。

　コーンハウザーの理念は「ある社会が大衆社会であるかぎり、自由主義的民主主義の諸制度を破壊する政治運動の虜になりやすく、一方、ある社会が多元的社会であれば、これらの民主主義的諸制度は強固であろう」[Kornhauser 1959 = 1961：3　傍点原文] という主張に要約される。それゆえ「近代社会にみられる大衆的傾向と多元的傾向を区別し、自由主義的な民主主義を支えるものが、社会的な多元主義であって、大衆的諸条件ではないことを示す」[同上：12] ことが、論文の目的となる。いうまでもなく、この主張は、大衆社会／多元的社会、反民主主義／民主主義、破壊／秩序の明確な対立概念から組み立てられている。そして「大衆運動」を望ましくない破壊の運動と性格づけ、多元的社会を望ましい価値と位置づけているのは明らかである。

　しかし、それゆえにと言ってよいと思うが、コーンハウザーがこの論文のなかで持ちだしてくる図式は、それを構成する軸がいっけん変わっているように見えながら、じつは基本となっている主張のいいかえにすぎない。現象の観察そのものから立ちあげられた分類ではないのである。

　その一本調子を象徴的にあらわすのが、論文のなかに載せられ、論じられる5つの図表（8-5）である。分類する軸は変わっていくものの、対象となる人間や社会の類型の位置は、まったく動かない。5つの図式そのものが基本

図表 8-5

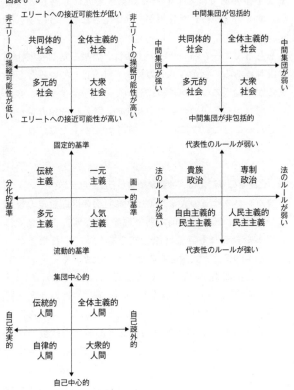

的な主張のあてはめであって、動きも流れも感じられない。すでに定められた分類がくりかえされているにすぎない。

　もちろんコーンハウザーの主張は、大衆運動や大衆社会の批判にあるのだから、その意味では一貫しているともいえるが、論理のつみかさねにおいて分析が深まっていくという感じがしないのがものたりない。それは分類の軸が設定されることで、なにか新しい見えかたがもたらされたという発見がないからである。

○○化論をのりこえる：社会変動論から歴史社会学へ

　コーンハウザーの大衆運動と大衆社会の問題設定の難点については、30年ほど前の別な論考［佐藤健二　1985］でおこなった。これも詳細は原論文をあたっていただきたいが、基本的には、大衆運動のとらえかたがそもそも心理主義的で、中間集団の衰弱という論点を媒介に、「孤立」（→原子化された個人）と「解体」（→絆の崩壊）という大衆社会理解へと結びつけられたことの批判にある。もちろん、この大衆運動論者の現代社会概念である大衆社会の理解が、いささか一面的であることも、そこで指摘している。なによりもすでに触れたように中間集団の「場」としての記述や解読が不十分で、実態の観察に教えられたという気配がない。その意味で、現在中心主義的な政治社会学であって、自文化中心主義的なアメリカ社会論であった。私が大衆運動論に期待していたのは、群衆研究の革新などとも

接続する歴史社会学的な視野の拡大であったから、その枠組み先行に不満を感じ、その批判が論文の基調となった。

　この章で論じてきた2項対立の問題とそのあしらいかたは、観察や思考を狭い枠組みに押しこめかねない概念の作用を、いかに切断するかをめぐるものであった。本章の副題を、「疑似問題の流動化」としたのはそれゆえである。

　歴史研究者が通念で思いこんでいるほど、社会学は図式的で抽象的な歴史認識に終始してきたわけではない。ウェーバーの理念型をはじめ、現実の多様性と一定の緊張関係を保ちつつ発見的な役割を果たすモデルをさまざまに工夫してきた。

　すでに他章でも論じてきたように、分類や類型設定という知的作業は、事物現象の差異を分けて、それぞれのレッテルが貼られた箱に整理するだけの細分化を意味するものではない。むしろ意外なものとの同一性を気づかせ、日常言語の慣用のなかでは隠されてみえなかった新たなつながりを浮かびあがらせる動きが、そこで生まれる。分類することや類型を設定することの本当の認識生産の力は、そこにある。

　歴史の研究は、社会学が解明すべき問題を正しく設定するために必要であり、比較を通じての分析を立ち上げるために不可欠であった。その有用性は、研究対象の歴史的な多様性を提供するという局面だけにはとどまらない。社会研究の方法としての局面にも、歴史は深く作用している。

　すなわち、記述や説明に使用する概念すなわちことばそ

れ自体が、歴史的・社会的な被拘束性を帯び、まさしく社会的に構築されている。その被拘束性をいかに自覚し統御し、対象とする当該の現象を構築しているメカニズムを発見する力として使いこなすか。社会学の優れた作品のすべては、眼の前の現象をただ現在の事実として観察したのではなく、つねにその現象の奥にひそむ「歴史としての現在」と向かいあってきた。

　実証主義としての経験主義はともすれば、資料もしくはデータとしては存在しなかったもの（記録されなかったもの）への想像力を欠き、個別的な事例・現象の記述に断片化しがちである。他方で、事例の具体的な記述や現象のメカニズムの説明そのもののなかに、「誇大理論 grand theory」のまなざしや、進化論や唯物論・発展論の「大きな物語」の枠組みが、事実の理解を歪めるほどの強さをともなってしのび込む危険も、正しく意識されなければならない。そうしたなかで、観察や思考に不断に介入し研究に内在する「現在中心主義」と「自文化中心主義」とを、認識論的に切断する方法的態度は重要である。比較社会学・文化社会学（もしくは異文化社会学）としての歴史社会学の戦略も、そこにある。

第9章 リレーショナル・データベースとしての社会

　「世界は一冊の書物である」という成句は、アウグスティヌスを原典とするものらしいが、含蓄のあるイメージである。この古代のキリスト教神学者は、さらに「旅をしない者は、その最初のページしか読んでいない」と惜しみ、フィールドワークとしての旅の意義にふれているのだから、まるで社会学のための箴言といってもいいくらいである。この本が論じてきた理解でも、たしかに人間の世界はさまざまな特質をもつ「文」のかたまりであり[66]、それを書物として読む快楽が社会学をささえている。

　ただし、この章で光をあてようと思う側面は、その悦ばしき解読の旅のほうではなく、書かれた書物としてあらわれる、社会の書きこまれかたのほうである。その自覚と対象化こそが、資料批判の基礎を構成するからである。

　すこし先まわりして、この章での主張をまとめておこ

66　こうした世界の根源に「ことば」を措定する思考は、聖書ヨハネ伝の冒頭の有名な一節「はじめにことばありき」や、空海の『声字実相義』の名句「五大にみな響きあり、十界に言語を具す、六塵ことごとく文字なり」などともひびきあう。

う。

　第1に、源泉・資源としての「資料」と、「データ」としての表象や数値は異なる。この両者の区別を混同しない姿勢が、社会学的な資料批判の基本となる。

　第2に、社会学的な資料批判にとって、もっとも基礎的で不可欠の作業となるのが、資料の社会的存在形態の把握である。存在形態の把握なしに、意味内容の解釈や数値としてとらえられたものの意味づけを急ぐのはあやうい。

　第3に、それぞれの社会的存在形態の把握と解読にとって、リレーショナル・データベースとしての社会という考えかたが提示する複数性・複合性は、実証の実質を構成する相対化の視野をあたえてくれる。社会それ自体が、複数のデータベースが共在し反照しあう1つのデータベースであり、記憶をふくめ空間をふくめて人間生活を記録する媒体である。資料批判の実践は、まさしくこのリレーショナルな反照関係のなかで立ちあがる。

資料とデータの違い

　まず第1の論点から説明しよう。

　社会学の世界では、データということばがいささか幅ひろく、無自覚に使われている。資料までもふくめてすべてをデータということばでくくってしまっているのではないか、と疑いたくなるような平板な論述すらある。

　しかしながら認識の素材として現実の社会から収集される「資料」と、情報として引き出された「データ」とは、

概念としての位相が異なる。

　人間の生活のほぼすべての記録が、じつは社会学にとって、社会認識を生みだす資料となりうる。その意味で認識の資源（resource）としての資料概念は、まことに広範な対象をふくむ。これに対してデータは、その資料から一定の手続きで引き出された情報である。つまりデータは、特定の枠組みで読みとられた表象や数値であって、現実に存在している資料そのものを意味するものではない。重要なのは、その表象や数値を読みとるための枠組み、すなわち特定の解読格子の介在である。その作用のもとで、さまざまな資料は読みとられ、なんらかの意味をになうデータとなる。ただ、データを引き出せたらもう資料は用なしかというと、そうはいかない。

　すでに勘のいい読者は気づいているだろうが、第6章で論じた質問紙調査の「調査票」は、ここでいう解読格子である。

　社会学方法論の一部にみられる資料とデータの境界の混乱は、質問紙調査の経験の普及および一般化と無関係ではない。このかたちのデータ収集のプロセスでは、資料とデータの形態上の区別があまり重要なものとならないからだ。切り取られた反応としての「データ」を分析することに専念せざるをえない課題設定のなかで[67]、資料そのものの存在形態があらためて問われることはあまりない。

　しかし社会学の研究素材は、こうした特異な「資料／データ」の構造をもつものだけではない。たとえば上記の質

問紙で引き出されたデータにしても、その切りそろえられた斉一性以前の段階がありうる。つまり、被調査者との面接調査としての対話の場の記録・テープ起こしの「資料」には、エスノメソドロジー的なニュアンスに富む多様性がありうる。もちろん、現実にはそんな記録としての資料は質問紙調査には存在しないし、そこをあえて問題にする方法論的な実験があるとも思えない。にもかかわらず、やはり資料レベルでの批判は、社会学に必要である。

資料の社会的存在形態

いわゆる「内容分析」では、この水準での資料の存在形態の分析が、情報としての内容すなわちデータの分析とおなじくらい大切になる。内容分析の対象となるテクストすなわち記されたものの、当該社会における具体的な存在形態の考察やその特質の把握なしに、適切な分析は生みだせないからである。

村での聞き取りの現地調査でも、たとえば聞き取りをした対象者の存在形態、たとえば村での位置など、話者をめぐる社会関係の効果などが検討されることになろう。つまりデータ批判は、データをデータとして成り立たせている形式について、資料としての生成の場にさかのぼって考察

---

67 質問紙調査のこうした特異な性格ゆえに、「資料批判」は意識されず、社会学に必要な「データ批判」をたんなるサンプリングの代表性や、回答の整合性あるいは転記ミスの問題などに矮小化してしまう傾向もないわけではなかった。

し、その妥当性や信頼性を検討する資料批判の作業をともなわざるをえない。

　社会的な存在形態の分析というと、むずかしそうに聞こえる。しかしながら資料やデータは、いかなる意味でも偶然自然に生成するものではなく、人間の実践の結果である。その存在の社会的な形態自体が証言力を有する。作成した主体が存在し、記録した媒体が存在し、それを必要とした意味があり、流布や活用をめぐっての固有の状況がある。要は、その記録がどのようなしくみのもとで、誰によってあるいはどんな組織によって、なんのために生みだされ、いつ作成され[68]、どんな人びとが読むものとして、いかなるかたちで提供されているのかいないのかを、正確に押さえることにつきる。資料の生成と流通と蓄積の社会的なしくみを、現実の資料の存在形態をつうじて押さえ、データとして情報をひきだす解読格子を構築することにほかならない。

68　その資料がいつ作成されたのか（印刷物であれば発行されたのか）は、じつはすぐにわかる自明の情報ではない。新聞はその性質上、比較的初期から日付を明示しているが、書籍形式のものは明治8年（1875）年の出版条例改正では版権免許の年月日は記載されても、実際の出版年月日がわからない例もある。出版年月日記載が義務化されたのは、明治20年（1887）の出版条例改正、明治26年（1893）の出版法が成立した、明治20年代である。しかも、この法のおよばない範囲はたいへんに広く、地域紹介のパンフレットや地図やチラシや広告や会報、あるいは複写や書きうつしで共有された資料、さらには写真となると、その制作時期を確定すること自体が調査研究の対象ともなる。

そうした局面で専門領域の研究者が経験として蓄積してきた「一寸した知識」［安田三郎 1958：1］の参照がその領域外の調査者にどれだけ役に立つことか、と『社会調査ハンドブック』の著者は論じた。しかし研究者の知識だけではない。研究者がくわしくは知らない職業世界での日常知もまた、資料の存在形態の把握や認識において役立つ。

役場や警察の実用知識：記録の制度的存在形態

　これも私の個人的な経験だからずいぶんとかたよった例示だが、社会に流布しているハウツー書は、その実用性ゆえに特定の課題や特定の分野にかんする知識のデータベースとして、さまざまなことを教えてくれる。

　たとえば、1960年代までの村落調査において近代最初の壬申戸籍を参照し、住民の来歴や親族関係の知識をえるのは通常の研究方法であった。昭和43年（1968）の差別問題に端を発し、壬申戸籍は法的に封印されてしまったが、地域住民の家族の記録としては基本的なものであった。私自身は制度的な封印よりも後になって社会学を学びはじめ、農村でのフィールド経験も少なかったので戸籍の利用のしかたや読みかたを実地に手ほどきされたことがない。

　しかし『結婚調査の秘訣』［高田 1932］などという、昭和初年当時それなりに流布していたらしい実用書は、戸籍簿や除籍簿の読みかたを実際の記載を挙げて細かく説明していて、戸籍という国民登録のしくみの細部をリアルに教えてくれる。税務関係の土地台帳や登記簿の記載や閲覧の

しかたにかんする知識も解説してある[69]。われわれの個人や家族の情報は思っている以上に、社会にきざみこまれ、公文書に記録されているという事実にふれる。

　もちろん、この本は一般読者向けの解説だから戸籍の読みかたについても要点の摘記で、公文書としての記載にかんする専門的なルールは、戸籍吏向けの例規ハウツーの1つである『身分登記戸籍寄留記載例全集』[戸籍学会1912] などのほうが詳細だろう。しかしながら双方ともに、戸籍という自治体が保有する資料の形態から、なにをデータとして引き出しうるかを考えさせてくれる。私にとってこれらのハウツー書が印象的だったのは、近代国家において人間の出生や婚姻や家族や居所や死亡が徹底的に記録される、戸籍という存在の制度性の証言でもあったからだ。

　もうひとつ、記録の背後に作用している制度性の観点から、なかなかおもしろいのが、組織のかたちと資料生成との関係である。

　そのひとつ、かつて「隠語」ということばの文化について、論文で言及したことがあるが、そのとき日本近代の隠語の蒐集と研究が司法警察の関係者によってすすめられて

69　もちろん時代の刻印を受けた制度の解説だから、現在との違いを意識しつつ読む必要もある。ここで説明されている寄留簿は、現在の住民登録制度に近いものだが、今日では存在しない。居住が戸籍では把握できなくなったため本籍地以外に居住するものに対して編制された簿冊で、1914年（大正3）に制度化されたが、1952年（昭和27）の住民登録法の施行で廃止された。

きたことを指摘した［佐藤 2001：91-102］。

　なぜ司法警察の関係者が隠語を集め、分析するのか。

　詳細を略した結論のみをいえば、第1に隠語が犯罪者の符牒を代表例とする仲間内に閉じた集団の文化としてあったこと、第2に調書の作成にあたってその口ことばに慣れている現場捜査の刑事たちとは異なり、裁判にかかわる司法官吏はその内容を理解するための知識解説を必要としたこと、第3に全国的な司法官吏の情報の交流は、犯罪者の異文化としての語彙の集成を編集するだけの資料の蓄積を生みだしていたこと、などが指摘できる。つまり調書という書かれたものの制度的な共有が、犯罪者の異文化としての隠語研究の必要と興味とを生みだし、隠語集の編纂と蓄積とにむすびついたのである。その経緯は意図したものではなかったのだろうが、制度が方向づけた知識の集成として興味ぶかい。

　さらに警察では現場検証や聞き取りの調査報告でもある調書を書くにあたって、事件の現場や経緯を正確に記述するために、社会生活の図鑑のようなものが編集された。銃や刃物の凶器だけでなく、髪型や衣服や電気用品など日常生活の諸物品の名称や形状を網羅した「捜査参考図」[70]が、警察官のためにまとめられている。連想をひろげるなら、これらがどこかで日常生活の図解百科の側面を有し、

70　その最初の試みは、『捜査参考図』［国家地方警察本部刑事部捜査課 1953］であろう。その後、続編などの増補や改訂を経て『全訂 捜査参考図』［警察庁刑事局捜査第一課 1982］などにつながっている。

当時の生活にかんする「一寸した知識」の集成でもあることは、のちに触れるデータベースの役割を論ずるうえで示唆的である。

組織文書／メディア文書／個人文書

　例によって脇道に迷いこみそうなので、もういちど最初の、社会はすでに書きこまれたものの集積であるというイメージにもどる。同じような発想を『歴史社会学の作法』のあとがきに、次のように書いた。

　「われわれが「社会」と呼んでいる空間それ自体がテクストである。社会それ自体が、記録媒体の集積であって、さまざまなできごとが刻みこまれている。土地に、道に、住居に、墓所に、風景に、災害に、事件現場に、ありとあらゆるところに、人間の実践の痕跡が記録されている。身体もまた、重要な記憶媒体である。そしていうまでもなく、ドキュメント（文書）も、書物も、写真も、新聞も、統計も、社会という記録媒体の組織的な一部分である。」[佐藤 2001：306]

　前半で言及している事物や空間や身体も無視できない領域なのだが、ここではすこし限定して、後半の文書から統計までの書かれたものについて、もうすこし論じておきたい。
　『社会調査論』[佐藤・山田 2009]で、こうした文書テク

ストとしての資料を「組織文書／メディア文書／個人文書」という３つに試みに分けてみた意図も、形態の把握に焦点をあてたかったからである。そのねらいは、体系的な分類箱の提示というより、それぞれの特質にあわせてその現状を解読する視点の強調である。別なことばでいえば、ドキュメントやテクストの広範な領域全体を、この３つだけで押さえようということは考えていない。むしろそれ以上に、それぞれの文書の社会的存在形態を把握することが重要だという論点をつよく押し出すための類型提示であった。

　組織文書[71]という視点でまず考えていたのは、普通は社会調査の資料と別なカテゴリーに入れられることが多い、人口や犯罪や職業などの社会統計である。近代日本の社会調査史を年表で概観したとき［佐藤　2011：501-18］にも確認したが、これが行政や司法の組織と制度性を前提とした観察の実践であり、記録であることはいうまでもない。しかも統計をまとめるために、その組織のネットワークを前提とした、特定の形式での調査がすでに定期的におこなわれている。そのことを考えると、この統計の作成自体が社会調査の組織的な実践であり、調査結果という知識の社会的共有である。

　もちろん、統計といっても、もっと細かくその作成過程をたどる必要がある。たとえば産業統計としての事業所・

71　組織文書は、もうすこしその制度性を意識できるような表現にしてもよかったかもしれない。

企業統計は調査員を派遣する形式だが、犯罪統計は各警察署から報告される資料にもとづいて作成される。これらは国という組織を主体として措定するものだけれども、自治体や会社、労働組合、運動体ほかさまざまな組織が、その活動のなかで生みだす記録は、ここでいう組織文書の視点からその生成が把握されるべきものであろう。議会の議事録も、文化施設の利用記録も、運動団体の活動報告書も、さらにはこれらの組織がおこなう調査もふくまれる。

つまり、第1の類型では、組織や制度のありようがその資料にいかなる特質を刻印しているかの解読が不可欠になり、第2の類型ではメディアという複製・共有の場が資料にあたえている特質が問われる。第1の類型の名づけが光をあてている作成主体の制度性の論点と、第2の類型の名づけが注目する社会的流布や流通の場の論点は、論理的には独立している。だから排他的な分類ではない。しかし実態的には区別できる場合も多い。第3の類型は、日記や手紙、手記や聞き取り記録だが、その作成主体が個人であるという点で第1の類型と区別され、本質的には1部かぎりのテクストとして制作される点で第2の類型と異なる特質をもつ。

にもかかわらず、これらが複雑にからみあって、われわれの社会という一冊の書物をかたちづくり、われわれが論文において論じようとする問題の素材となる事実や知識を書きとめている。

こう論じてくるといかにもややこしく思えるが、それほ

どむずかしく考える必要はない。資料の社会的存在形態の解読という議論で提示している考えかたは、じつはシンプルである。社会学がとりあつかうデータはすべて、そもそも人間生活の関連しあう全体から一定の手続きのもとで切りとられ、特定の形式をあたえられて、そこに集められている。だからこそ資料批判もデータ批判も、いわばこの切りとりかたや形式の妥当性を検討し、そこからなにを読みとるべきかの設定が問われる。そのもともとの存在形態にもどってありようを確かめ、その社会性・関係性をきちんとたどってみることが、解読格子の設定においても、妥当性の検証においても必要だという、あたりまえの実践にゆきつくものだからである。

フィールドとしての個人：個人／集団の対立をこえて

　個人文書という視点の意味を、もうすこし補足しておこう。ライフヒストリー研究にむけて提案した「フィールドとしての個人」という視座は、通念を変えるための意外な表現という色彩もあった。

　「個人は社会学の研究対象たりうるか」とか、「集団を研究しなければ社会学ではない」とか、「方法論的個人主義・対・方法論的集合主義」という枠組みがしばしばもちだされるが、これもまた「社会」をどのようなものとして想像するかでわかれる。集団ということばを使うかどうかは別として、人間が関係的存在であるという理解は、社会学の基本であって、それ自体はいつも正しい。批判される

べきは、関係的な存在という概念の実質を探究するより早く、その関係を「社会」とか「全体」とか「階級」「システム」などという、抽象的なことばに回収してしまうやりかただった。

　なるほど「個人／社会」の問題はどこか、社会学理論にその当初から宿命のようにからみついている。

　たしかに創造的で自由な行為主体のリアリティと、主体を規定する関係的な秩序構造との理論的な緊張関係は、主体論／システム論とか、行為論／構造論とか、力／構造、実存主義／構造主義とか、さまざまな形で論じられ、どこか対抗的に把握されてきた。

　「フィールドとしての個人」の発想は、この対立にとらわれた発想の場そのものをずらそうとするものであった。個人は社会を構成する単なる単位ではなくて、そうした社会関係が複雑に集積する〈場〉であることを強調することで、ライフヒストリー研究の戦略を、ある局面において擁護することが可能だからである。

　「村」としての社会が複雑で多元的な構成体である、と同じく、じつは「個人」もまた複雑で重層的な存在である。であればこそ、モノグラフと称していい「ぶ厚い記述」が可能であり、その構造の描き出しと解読とが課題となりうる。履歴書や手紙や日記や戸籍や学歴や記憶等々の多くの記録が重なりあい、さらには子として、妻や夫として、親として、職をもつ者として、男や女としてなどの複数の役割が錯綜し、葛藤したりささえあったりする個人生

活史は、フィールドと呼ぶにふさわしい未知の関係構造を
内包している。

　そのとき、フィールドノートとしての聞き書きや、ライ
フヒストリーとしてのテープ起こしは、ある「個人」のデ
ータベースとして異なる人びとによる分析が共有しうるフ
ァイルとなる。もちろん、そこでも第13章の引用の文章が
示唆しているような、テープ起こしという実践それ自体の
自己省察をふくめた、データ批判が必要ではあるが。

リレーショナル・データベースとしての社会

　社会は百科事典のような「書物」であり、「リレーショ
ナル・データベース」であるという議論を、分析をうみだ
す、論文をまとめるという局面にまで拡大して終わろう。

　「リレーショナル・データベース」の比喩を、「フィール
ドとしての個人」と同じように、資料解読と資料批判の局
面に持ちだしたときに、そこにこめた論点として以下があ
る。

　第1は、いうまでもなく「蓄積」の分厚さである。デー
タベースとは、そういうものだ。ことばそのものが、ひと
つのデータベースであり、われわれの思考や感情はそこに
蓄えられた素材で織りなされている。同じように、社会と
はリレーショナルなデータベースであるといったとき、人
間の歴史がつくりあげた、ことば以外のもの、すなわち身
振り・作法や、制度や空間の蓄積の分厚さを、われわれの
生活を織りなしているものとして把握することになろう。

すでに社会それ自体がテクストであり、記録媒体の集積であると書いたが、そうしたテクストの集積と向かいあい、そのそれぞれの存在形態を把握し、内容を解読し、真偽や機能を判定する力が資料批判をささえている。そうとらえるとき、歴史学の「古文書論」のように時代に依存し限定された形式での文書中心の史料批判[72]をいかに近代史の研究にふさわしいものにするかという課題と、質問紙調査に偏って忘れられてしまった資料性の復権等による「社会調査」の方法論の豊饒化という課題とは、たがいに学びあえるほどに近づくだろう。

　第2に、データベースは不断の「参照」「反照」を可能にする。検索され、照合され、確認され、ときにそのプロセスを通じて変化していく。これもことばが変わること、あるいは同じ発音のことばであっても意味が変わっていく現象と重ねあわせることができる。その変容の厚みも見落

72　ここで念頭にあるのは古文書学での文書の定義が、けっきょくのところ特定の宛先をもつ信書の構造をもつ書き物、要するに手紙でしかないという事実である。私はこの規定の「中世」性について、その戦略的な有効性を認めるとともに、相対化する必要もあろうと感じてきた。近代になると資料に刻印される「公／私」のありようが、根本的に変化してくる。官庁行政が「公」を専有して、「私」の領域と明確に分離された「公文書」という形態が現れる。独自のダイナミズムを有するにいたった近代の〈社会的なるもの〉の生成や変容の領域をとらえようとすると、この「文書」定義はいささか狭すぎる。とりわけ、印刷をはじめとする複製技術が、多くの人びとの知識や感覚に影響するあたりの押さえがまったくない。そのことが、しだいに大きな欠落のように見えてくるからである。

としてはならない。古いハウツー書が、そのままでは役に立たないにせよ、読みかたさえ適切ならば現在を考える素材になるのも、それゆえである。

参照できるということは、そこに記録が登録され、自由なアクセスに開かれているということを意味する。プライバシーという概念でしばしば一括されて論じられてしまうことにまだ深い検討の余地があるが、たしかに個人情報としての保護が細やかに配慮されなければならない局面もある。ただし、私自身は社会の基本が、じつは参照が可能な透明性にあることも見うしなわれてはならないと思う。

そのうえで第3に、「リレーショナル」の固有の意味としての、複数性や多元性の積極的な意味も見落とせない。多様な質をもつ資料データベースのあいだの対応を構築していくという課題である。参照という実践が1つのデータベースにたよる以上に豊かなものになるのは、この対応が確立し、共有されているからだ。これも本格的に論ずると、かなり広範囲にわたる議論を組みたてなければならないが、論文を書くという実践のなかで、この本で説明してきたことをなぞっておこう。

たとえば聞き書きを考えた場合、体験／記憶／語り／テープ起こし／編集作品には、資料としての社会的存在形態のちがいがある。しかし、それぞれの段階での発想や思いつきを共有していくこともできる。テープ起こしは「文」として読みやすく、印刷すればまた、集団で共有したり参照したりしやすくなる。「文」にすれば編集という作業

も、本格的に可能になる。しかし、そこで失われた声のニュアンスにもどって確かめたい場合、テープ録音そのものが残っていれば自分でも他者でも疑問にあわせて確かめることができる。「リレーショナル」といった意味は、そうした厚みの構築にある。すでに社会それ自体が、そうした厚みをもった記録なのではないかとも思うが、その構造は、論文とそれを支える資料の厚みとの関係についてもいえる。

　別な説明をするなら、次のようにもいえる。この書物では社会調査を現実の社会現象を対象とした資料の収集・分析作業としてではなく、調査研究者が社会認識を生産する実践のプロセス総体であると位置づけなおした。それゆえ口述のテープ起こしで把握された記憶も、個人がつけた日記も、労働組合の謄写版雑誌もビラも、写真等の視覚資料も、さらには官庁が作成した社会統計も研究者のフィールドノートも、社会認識を構築する資料であると同時に、その歴史的・社会的被拘束性ゆえに資料批判の対象である。そして資料批判は、多元的な資料の配置がつくり出す空間においてはじめて可能であり、その「場」としての資料空間は、じつはわれわれが社会と呼ぶ空間の全域に拡がっている。

　第4に、このような論文のなかでの資料加工の蓄積の構築それ自体が、じつは「運動」という側面を有している。

　すこし異なる別な視角からではあるが、「図を考える／図で考える」[佐藤 2011：394-416]と「Thinking of Images／

Thinking through Images」［SATO 2007］という２つの論文で、「Database as product」と「Database as process」という考えかたを提出した。整理され間違いのない統合された完成物にならないと、「データベース」として公開しても意味がないという躊躇は、どこか根本でまちがっている。私の貧しい経験からしても、共有することではじめて知っている人が関連することを教えてくれたり、あるいは思いちがいが指摘されてより正確になったり、そうしたプロセスが動き出す。

　つまり共有することで、はじめて比較検討する作業がひらかれ、そのまちがいを指摘したりさまざまな主体が参与し、データベースそれ自体が改善し成長していく。完成した生産物 product としてではなく、成長していく蓄積の過程 process として、リレーショナル・データベースという共有を設計していくことが積極的に構想されてよいのではないか。

　その意味では論文も、完成したから公開されて終わりではない。成長し変容する余地があってよいと思うが、そのためにも基本的な骨格はたしかなものとして共有されなければならない。

第10章 「クダンの誕生」の経験をふりかえる
：論文を書く

　論文を書くということが、どのように進んでいくものな
のか。そのあたりを説明する適切な例をもちあわせている
わけではなく、さしあたり自分のとぼしい経験を素材にし
て説く以外にはない。ここでは自著の『流言蜚語』［佐藤
健二 1995］に収録した「クダンの誕生」という論文と、同
じ主題を講義としておこなった記録［佐藤健二 2013］を取
りあげて、その構築のプロセスをふりかえってみよう。

きっかけとなる学会発表

　この論文の主題の設定と資料収集は、1991年6月の日本
口承文芸学会のシンポジウムに「口承」に関心をもつ社会
学者として招かれた、その発表の用意からはじまる[73]。

　民俗学・人類学・社会学の若い世代[74]があつまって、

73　論文を書くプロセスが、学会報告の準備などからはじまるというこ
ともよくある。
74　そのとき登壇した報告者は、重信幸彦（民俗学）、久野俊彦（国文
学）、中村雄祐（人類学）、佐藤健二（社会学）である。他に口承文芸の
領域から、斎藤純・小池淳一・武田正の諸氏が冊子に寄稿した。

「口承とはなにか」について論じたいという誘いだった。シンポジウムの主題は、「〈口承〉研究の現在：ことばの近代史のなかで」という冊子のタイトルに象徴されている。それまでの研究史を問いなおし、その達成を整理すると同時に、メディアが発達した現代においてどのような「口承」研究が可能なのか、そこを議論してみたいというねらいだったと記憶している。

　このシンポジウムの準備がユニークだったのは、問題提起の前提となる研究史の論文と、シンポジウム参加者が話題にする予定のレジュメ（講演や研究の内容をしめす概要）とをあわせて、事前に配布する冊子に印刷し、「文」として共有したことである。ともあれ、その制作にむけて、論文の最初の模索がはじまった[75]。

　「口承」という問題提起を、私は「流言」という主題で受けとめようと思っていた。社会意識論の素材として以前から興味をもっていたからである。しかし、なにを対象として論ずるのがよいかという問題は、この主題の選択だけでは決まらない。すでに「民話の対抗力」という論文を書き、戦時下の流言を論じていたが、そこで利用した記録には、空襲よけのまじないや神さまの出征など、非合理で民

75　この冊子は、当日の会場で配布した。口承という声の文化についての思考を、その場かぎりの言いっ放しの放談に終わらないようにという、企画者の危機感がこうした「文」の形式を選ばせたのであろう。企画者が参考にしたであろう先行例として、大月隆寛、重信幸彦、小川徹太郎らと私が1987年の日本民俗学会の発表で試みた冊子配布があった。

話めいたものが混じっていた。そうした素材ならば、民俗学者たちが多い日本口承文芸学会で議論になるだろうと思ったが、すでに書いてある論文のテーマをそのままくりかえす気にはなれなかった。なによりも、受け入れられそうな素材であるという動機は、問題意識としては弱すぎる。

　まずは、これまで社会学が論じてきたような流言を、口承文芸研究がどう位置づけてきたのか。それを検討し整理してみようと思った。すると、この領域での流言研究の特異性がみえてきた。

　第1に、「伝承」という歴史的なタテのコミュニケーションを重視した解釈がおこなわれている。つまり「口裂け女」の話は「ウブメ（産女・姑獲鳥）」という妖怪の変容と位置づけられ、「タクシーの怪談」のような主題は「駕籠かきの幽霊」と関連づけられる傾向があった。口承の研究を民俗学が主導してきたからだろう。しかし「伝達」の社会的なヨコのコミュニケーションの変容作用は見落とされがちであった。そこには社会学のまなざしが活かされる余地があった。

　第2に、口承の「内容」すなわち話型分類や物語構造の分析には熱心に取り組んできている。しかし、話される／聞かれる「場」のありようには、あまり光があてられていない。伝承者としての話者の研究には踏み出しているものの、聞く「主体」や話される「場」の分析は不十分だった。しかし、そうした場の連鎖こそが流言の社会的生成の条件であり、そこはまたテクストが生成する「場」なので

はないか。

　第3に、「声」による対面的な直接伝達すなわち口頭性にこだわるあまりに、文字や図像のかたちをもつメディアの力が流言現象にいかに作用しているのかについての考察は貧弱であった。しかも話者の重視は、伝達者の実体化を生み、印刷物などのメディアの介在を見ようとしない姿勢すら生んでいた。これは「口承」概念それ自体がまねいた視野のせまさでもある。

　しかし新聞やテレビやコンピュータなどメディアごとに受け手研究を分け、それぞれに特有のリテラシーを設定してきた社会学にも、同様の考えかたのせまさが指摘できる。それゆえ、流言の経験をとらえる新しい方向として、生活のなかでのメディアの重層作用を適切に浮かびあがらせなければならない、と考えた。

　あるていど先行研究における対象のあつかいかたの特徴がとらえられ、あるいは「説明の失敗」が整理されて見えてきた。そこにおいて、主題だけでなく自分の問題意識が明確になってきた。

柳田国男の昔話／世間話

　すこし種明かしというか、うら話をすると、この3つの特質のえがきだしの基礎は私の柳田国男研究である。正確には、柳田国男の理論だとされている民俗学の通念に対する、私独自の「切断」である。

　民俗学での研究の中心におかれた「昔話」の力点は、

「昔」にあったといってよい。注目したかったのは過去からの伝承であり、伝統文化の継続であり、世代をこえた心性の語りつぎであった。伝承といえない現代的で事件的な要素は「世間話」という別な概念を利用して区別し、どちらかといえば周辺的な位置づけをあたえた[76]。昔話には古い時代の心性がそのまま保存されており、採集の功績は後世の改訂増補の少ないうぶな話を見いだすことにあるという理解が、柳田のテクストから引き出されている。

　しかしながら、この解釈はまちがっている。

　詳細ははぶくが、「昔話」概念の力点は、通念が光をあてている伝承としての「昔」にではなく、言説（discours）の様式としての「話」のほうにある。それゆえ現代の話題が入りこんだ「世間話」と対立するものとしてではなく、「笑い話」や「つくり話」をともにくくる、新しい自由な語りかたの概念こそが重要である、と私は考えていた。「話」は言説の新しい生産様式[77]であり、「話す」という実践を概念化したものである。昔や世間や笑いやウソの区分は、その内部を類型化する下位カテゴリーであり、それぞれのジャンルを成立させるものではあるが、すべて

76　宗教的・神話的な信念のあらわれや、信じられている言い伝えなどは「伝説」というもうひとつの概念に囲いこまれた。弘法大師が突いた杖から湧き出た泉とか、平家の落人が開いた村など、確かめられないが一応は信じられている言い伝えである。この論点もおもしろいのだが、やや複雑になるので、本文からは省略した。

77　この命題は『読書空間の近代』から『ケータイ化する日本語』までの私の著作でなんどか参照されることになる。

「話」に包括されている。

　この私の新しい解読こそが、前述の第1のタテの継続（昔話）だけでなく現代のヨコの拡がり（世間話）をあわせて考えなければならないという視点を引き出し、第2の「話」が話され／聞かれる場への注目をささえていた。なぜなら、話は聞き手の集合の承認を必要としたからである。その承認にささえられて、笑いのおかしさやウソの技巧もふくめて、自由に展開することができた。身体を有する話し手と聞き手とが共在する場と、そうした場から場への連鎖を現代において考えていくと、じつは第3の「場」に作用するメディアの複数性への視野拡大が、自然に呼びよせられる。

　このメディア論的な拡大は、あらためて「口承」に注目した柳田の方法戦略を意識化することともつながっていた。すなわち、「話」は文書や文字記録として「書きのこされることの部分性」に対し、それ以上のなにかに迫りうる期待とともに、声の現場性・一次性への観察をひらくものでもあったからだ。

先行研究における「説明の失敗」

　このあたりまで問題意識を展開させていくと、論文の骨格となるだいたいの問題提起は書けるような気がした。しかし、どんな素材を具体的な対象とするか。そこはまだ明確にはしぼりこまれていなかった。

　ここでも助けになったのは、先行研究がすでにおこなっ

ていた模索である。

　昔話研究者として口承研究をリードしてきた野村純一
は、1980年代の半ば頃からかつて「世間話」に分類されて
いたような現代的な現象を論じはじめていた。それは不可
解な「口裂け女」のうわさ話であり、予言する「クダン」
の不思議の分析であった［野村 1984］。それ以外にも、口
承文芸研究者は「人面犬」や「人魚」を論じようと努力し
ていた［常光徹 1989］。

　急ぎ足の説明になるが、私はこのあたりの先行研究を検
討するなかで、「クダン」という予言する怪物の話[78]に対
するあきらかな説明の失敗ともいうべきものを感じた。と
りわけ、なぜこの怪物はクダンという名をもち、このよう
な姿で表象され、かならず当たるとされる予言をするの
か。また証文の終わりに、「如件（くだんのごとし）」「仍而
如件（よってくだんのごとし）」と書く、それはこのクダン
のいうことが必ずあたるからだという由来・故事のこじつ
けが、なぜくわえられているのか。

　そのあたりを解明するような説明になっているとは思え
なかった。

───────────────

78　「クダン」は『綜合日本民俗語彙』（平凡社）には、「クダン（霊）牛
の子で人語を解するもの。その言うこと一言は正しい。よって件の如し
という俗説を生じている。いまも九州・中国地方では時折り聞く。生ま
れて四、五日しか生きていない。多くは流行病や予言をする。」と解説さ
れている。

「謎」としての「クダン」

　この説明の失敗をもとにして、解くべき問題の設定を「クダン」にしぼりこんだ。

　論文の最初の文字化である冊子用の問題提起［佐藤健二1991］の題名は「「話」のイコノロジー」であった。理由はおいおいわかってくるだろう。とりあえず、論点を摘記した箇条書きの形式でまとめた。『流言蜚語』に収録されるバージョンの冒頭部分（約3分の1）にあたる。もちろん、あとで述べるように分析をまったくしていなかったわけではない。分析すべき内容がまったくの期待でしかなく、内実が見えなかったら問題設定は書けない。

　残りの論文の本体にあたる分析は、シンポジウムでの報告のあと、そこでの質疑などを素材に説明のしかたを検討し、あらためて1993年11月発行の『国立歴史民俗博物館報告』第51集にまとめた。報告のときに用意した箇条書きの論点の手控えを、説明や関連する資料などを補いつつ、文章化した。そのため、いくつかの段落のまとまりの冒頭に、かっこ付きの数字が残った変わったスタイルになった。査読で「節」に分けられていないから「論文」としての形式が整っていないと判断した編集委員がいたらしく、修正をもとめられた。たしかに、論文全体を5つくらいの部分にわけたほうがわかりやすいと思って、5節構造にして見出しをつけた。ここで『流言蜚語』に収録したバージョンが基本的に完成する。

　「クダンの誕生」論文よりも、その題材をとりあげた講

義のほうが明確に図式化しているので[79]、そのバージョン
を引用しつつ私が当時の先行研究の「説明の失敗」と感じ
た論点[80]を、整理して紹介しよう。

第1に、この流言でもよく説明に用いられたのが、社会
的不安や集合的不満の概念である。信じられない話や奇妙
な流行のもとには、意識的なものではないにせよ、なんら
かの不安・不満がある。話はその表出形態だというわけ
だ。社会心理学でも見なれた説明でもある。

しかし、多くの場合、人間はまったく何の不安も不満も
もたずに生きられるほど幸福でない。問うていけば、いつ
でもどこにでも、なんらかの不安や不満が見つけだせてし
まう。つまり、そこでは作用していなかったものを、事後
的な解釈で掘り起こしてしまうあやうさがある。そうした
心理状態が、なぜクダンという予言する半人半獣のかたち
で表象されるのか。そのメカニズムを説明できなければな
らないが、そこに切り込めていない。集合的な不安や不満
が一般的に予言を受け入れる基盤になるかもしれないこと
を、ばくぜんと指ししめしているだけである。

第2に、人類学あたりで応用されている境界性・両義性
（アンビバレンス）の概念をもちだす説明が考えられ、民俗

79　文中のプレゼンテーション画面は、この活字化のもとになった大学
の学部横断的な学術講義の説明用に作成したものである。

80　ここはじっさいに誰かがクダンをそう説明しているという紹介では
ない。社会学や人類学や民俗学での「流言」の主要な説明方法を、いわ
ば再構成したものである。

図表10-1
既存の説明その1

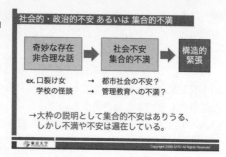

学の領域でも応用されていたが、これも成功しているとは
いいがたかった。

　両義性論は、文化のダイナミズムを意味の動きにおいて
とらえ、分類の交差や秩序の混乱が、一方での差別や排除
に、他方での崇拝や神聖視にむすびつくと説く。社会学で
もスティグマの議論が知られている。クダンは、自然に属
する牛と、文化に属する人間との両義的な存在ゆえに、特

図表10-2
既存の説明その2

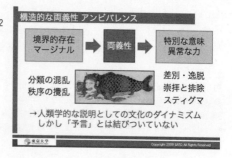

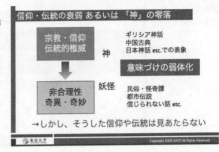

図表10-3
既存の説明その3

信仰・伝統の衰弱 あるいは 「神」の零落

宗教・信仰
伝統的権威

神

ギリシア神話
中国古典
日本神話 etc.での表象

意味づけの弱体化

非合理性
奇異・奇妙

妖怪

民俗・怪奇譚
都市伝説
信じられない話 etc.

→しかし、そうした信仰や伝統は見あたらない

別な意味づけがある、と説明しはじめる。人魚が特別視さ
れ、その肉が長生きと結びつけられる例や、人面犬のうわ
さともつなげつつ、説得しようとするが、やはり予言の実
践にむすびつけられる論理はそこにない。

　第3の説明は、民俗学でよくみられるもので、神の零落
あるいは信仰の衰退という視点である。神の観念やそれへ
の信仰が、時代を経過するにつれて衰弱してくる。その結
果、かつて神として敬われあるいは畏れられた存在が忘れ
られて、妖怪や魔物のような怪異へと変容していくメカニ
ズム[81]が想定される。

　この説明が妥当するには、怪異な存在になる以前の神
か、権威に対する信仰がなければならない。しかし日本社
会で、人面獣身で病や戦争の予言をし、しかもそれがおそ

81　この例として、ギリシア神話などのような土着の神々が、キリスト
教の浸透とともに追われ、森に隠れて暮らす者となったとするハイネの
発想や、カッパの表象の原点に水神をみる視点などが挙げられる。

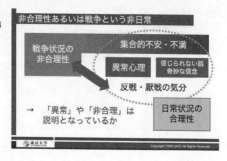

図表10-4
既存の説明その4

非合理性あるいは戦争という非日常

戦争状況の
非合理性

集合的不安・不満

異常心理　信じられない話
奇妙な信念

反戦・厭戦の気分

→　「異常」や「非合理」は
　　説明となっているか

日常状況の
合理性

ろしいほどあたるとともに、短命であるような「神」への
信仰は見あたらない。

　第4の説明として、戦争などの状況の非合理性や非日常
性をもちだし、特殊状況での異常心理と論ずる方向があ
る。その基礎に反戦や厭戦の気分をおき、全体主義的な抑
圧状況のもとでの、つじつまのあわない表象が、流言とし
てあらわれるのだと説く。

　しかし、異常や非合理という非定型の残余概念の動員
は、そのままではどうしても明晰な論理の構築とならな
い。またクダンという怪物の行為については、まったく説
明されていない点で、集合的不安論の別バージョンでしか
ない。

　つまり、この代表的な4つの説明は、いずれもクダンの
形態と行動とをうまく特徴づけ、解釈するものとはいいか
ねる。この「説明の失敗」にいたって、説くべき「謎」が
しぼりこまれた。問題設定は、この怪物の形態と予言とい

う行動をどのような議論で説明していくかにしぼられてい
く。

「クダンの話」としての資料の収集と整理

　さてここから調査研究としての資料収集が本格的にはじ
まるということになるのだが、先行研究は、じつはここで
も先達であった。先に論じているのだから、あたりまえと
いえばあたりまえだが、孫引きですませず、原典を確認し
ていくなかであつかうべきものの位相がみえてくる。この
場合は、集めるべきはクダンの話だが、先に論じようとし
たひとたちのそれぞれの言及を重ねあわせていくと、ある
ていどの足がかりになる。

　いずれにせよ、組織的に全体を想定した収集ではなく、
出くわした手がかりをつなげての芋づる式[82]であった。他
の研究者が論文で言及しているものは漏れのないように網
羅したが、あとはたまたま見つけたという機会を活かさざ

82　民俗学の領域での採訪記録や昔話集に載っているものは、野村純一
がすでに押さえているのに教えられた。かわらばんというメディアにつ
いて民俗学者は冷淡であったが、いくつかの手がかりがあった。別な関
心で手元にあった小野秀雄『かわら版物語』や平凡社のかわらばん集成
にあったのを加えた。中山栄之輔所蔵の錦絵のかわらばんも、宮武外骨
が紹介している新聞記事も、偶然の追加だと思う。随筆のたぐいにどう
拡げたのかはその具体的なきっかけをもう覚えていないが、これも先行
研究に教えられてではないかと思う。流言は、私自身が「民話の対抗
力」で分析した資料にふくまれていたものであり、ブラジルの移民の日
記は、戦時下の社会意識研究でであったものの再利用である。

図表10- 5　[佐藤 1995：180，166-73より構成]

記述内容 ＼ 資料形態	流言資料 ①	②	③	民俗資料 ④	⑤	⑥	新聞 ⑦	かわらばん ⑧	⑨	⑩	随筆 ⑪	⑫	⑬
(1)クダンという呼称	○	○	○	○		○		○	○	△	△		
(2)件の文字	○	○	○	○	○	○		○	○	○			
(3)獣身人面の図					△			○	○	○			
(4)予言	○	○	○	○	○	○	○	○	○	○			
(5)災難のお守り	○	○						○	○	○	○		
(6)如件の知識	○			○	○			○	○			△	

るをえなかった側面がある。ただ、そのジャンルで似たような資料集成のなかにないかを探るていどには、ヨコに拡げている。もちろん、まだ目にしていない記録もあるにちがいないが、収集しえた資料しか分析できないのも当然の事実である。

　資料を一覧するのに、古い順からではなく、年代の新しい順からならべた。現在からさかのぼるという位置づけのもとで考えたかったからである。ここにも社会学の立場があらわれているかもしれない。資料の刊行年月に直接に拠るのではなく、その話の内容記述が指ししめす時間、話されていた時期を考えつつ、配置した。だから、図表10- 5のような時系列にしたときに、表頭の資料の形態があるていどのまとまりをしめしたのは、まったくの偶然である。資料形態ごとに整理したわけではない。

　表にしてみようと思ったのは、それぞれの話がもっている要素を見えやすくすることで、見通しがえられるかもしれないと感じたからだ。表側の項目は、クダンの話を構成する構成要素である。（1）名称、（2）表記、（3）図像的特徴、（4）予言、（5）対抗呪術、（6）証文の文句の

由来という6つが、この素材の「クダンの話」としての同一性を措定するポイントだ、という私の立場をうちだしたことにもなる。

　表にしただけでも、見えてくるものがある。

　やはり「予言」はこの話を貫く主題で、ここがうまく説明される必要がある。なぜかかわらばんという資料形態では多くの要素が網羅されているが、これは印刷物メディアとしての特質と無関係ではないだろう。対照的に民間説話としての採集や流言としての把握が、図像としての情報を欠いているのは、声で伝えられている現実ゆえだ。証文との関係づけも、たんなる思いつきの偶然の付加ではなさそうである。

分析における要因の析出と新たな全体の現出

　しかし、分析をすすめて要素を析出させると、こんどはその要素が新たな収集を要請しはじめる。このプロセスは見すごされがちだけれど、重要である。最初に集めた対象だけを分析することで閉じてしまう視野をひらく、かなり大切な役割を果たす。

　この事例にそくして具体的にいうと、予言という要素が説明すべき焦点として見えてくることで、こんどはクダン以外の予言する怪物や、怪異現象も視野に入れざるをえなくなる。分析がすすむことで、対象の全体のおさえかたを更新せざるをえなくなる。じっさい、かわらばんの集成のなかには、雲にのったなにかが予言していった怪異現象の

一枚刷や、「アマビエ」と名のるものが海にあらわれて予言したとか、山中で「山童」に会って予言を聞いたとかという記事もあった[83]。

また、対抗呪術という論点とも関連するが、なにかをすれば災いが避けられるとか、なにかを禁ずれば難を転じることができるという言説は、これを見れば幸せになるとか長寿を得るという言説と隣接し、構造を同じくしている。そこから、らくだや珍獣の見世物の引き札で多用された「一目これを見るものは家内安全、福徳長寿疑いなし」というような宣伝文句も、考察の範囲にはいってくる。

こうした新しい収集を、図像的特徴という一点にしぼり、その拡がりを一覧してみたのが、図表10-6である。

この図の空間の構成原理は、内容や存在形態が似たものを近くに配置して、グループ化している。いわば、視覚資料のKJ法だ。ただことばのKJ法とちがって、図版は大きさをコントロールしなければならない。ちょうど1%き

83　この「アマビエ」については、その後に新しい展開があった。湯本豪一『明治妖怪新聞』が「天日子尊」「天彦」の札を家の入り口に貼り付けると厄除けになるという話を、明治8年の東京日日新聞や、明治14年の東京曙新聞の記事から見つけ、アマビエはアマヒコの書き（読み）間違いであろうと論じている［湯本 1999：179, 190, 196-8］。この「天日子尊」の図をみると、クダンの図像の変形であって、図像の一覧図における「山童」（⑥）「アマビエ」（⑦）とクダンとをつなげる位置にはめこめるように思う。

178

図表10-6 ［佐藤 1995：174-5 図版 5］

ざみで複写の大きさが変えられるコピー機を買ったばかり
で、それを駆使して一つひとつの図の大きさを調整し、画
面を構成した。重要だと思う図版は大きく中心に、派生的
な主題の画像は小さくして貼りつけた。まさに、ノリとハ
サミの作業だったが、今ならばディスプレイのうえの画像
データファイルとして、もっと自由な加工が可能だろう。

　見世物との隣接の発見は、このクダンの話の分析にも新
しい視点をつけくわえた。声をひそめて私的に語られるの
ではない、社会的に共有された広場のおもしろさの要素が
ふくまれているのではないかという論点である[84]。

新たな解釈図式の提出：文字の図像化と書字の知識

　さて、私が「クダンの誕生」の論文に埋め込んだ分析は、どこに既存の説明をのりこえる新しさがあったか。ここも講義版での集約［佐藤 2013］を補助線にしてたどってみよう。

　いま思い返してみると、最初の思いつきは図版の切り貼りをしながら、この予言獣の姿そのものが「文字」なのではないかとふと思ったことにある。

　「件」の文字が、人間をあらわす人偏と、牛をあらわすつくりとの結合であることは、先行研究も気づいてないわけではなかった。しかし、その触れかたはすぐに思いつく直観的な関連でしかなかった。そこに付されている図、あるいは言及されている姿かたちそのものが文字の図解であり、この話の要点であるとまでは踏みこんでいない。しかし私はこの点こそが、クダンの誕生の場にせまる手がかりであり、この話の本質にかかわると考えた。すなわち不安の表象でも、神の妖怪化でもなく、文字の絵解きという実

────────────

84　右端の太線でかこわれた想像上の神獣「白澤」の系列は、さしあたり人面獣身という図像のうえでの近接である。しかしこれが江戸時代末には薬とむすびつけてイメージされていたことは、クダンと富山の立山薬塚との縁を思い起こさせる。また中心のクダン像のひとつ「くだべ」の胴体にある３つの目は、『旅行用心集』の白澤図の胴体にある目と呼応している。かわらばん一枚刷に描かれた越中（富山）の国の人魚にも、よく見ると胴体に３つの目がある。「白澤」の図は旅行中の災難避けの呪符としても使われたので、どことなくまじないの要素を色濃くただよわせている。

践が、クダンというイコンの核にあるというのが、第1の解釈である。

　文字の形態がクダンの人と牛の混合形態と対応しているというだけでは、なるほど単独の直観のままにとどまる。もうすこし文字とひととのかかわり（＝実践）を追いかけてゆこう。

　なぜ偏(へん)と旁(つくり)とに分け、あらためてそれを図像化して組みあわせて、文字のイコンをつくりあげるのか。それがわれわれの身体的な教養だからである。

図表10-7
「書字」が重要な
社会

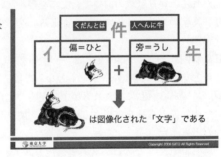

たとえば、われわれには書くことをつうじて蓄積してきた文字の知識がある。「件」がどんな字かをしめすには、「にんべんに牛」と教えるだろう。漢字の全体を部分に分解してみる能力は、漢字辞書をひく技術としても必要になる。その知識は、図を書く遊びをも成立させる。7つのひらがなで人間の顔のようなものを描く「へのへのもへじ」[85]の感覚ともとなりあっている。

こうした知識教養は、謎かけのような隠語（隠しこと
ば）としてもあらわれる。「女」の文字を、書きかたに分
解して「くの一」とするなどは、その一例である。88歳の
お祝いを「米」（八十八の合字）寿といい、99歳を「白」
（百から一を引く）寿というのも、ひとつの文字遊びであ
る。無料のことを「ロハ」という隠語は、「只」という漢
字を分解したものであった[86]。

「件」の文字の絵解きも、そうした書字の訓練や文字の
遊びのひろがりと無縁ではない。つまりこの話が話され／
聞かれるという経験の前提に、文字を書くという実践があ
り、文字の知識を評価する社会がある。

証文の予言：未来を約束すること

新しい解釈の第2のポイントとなるのは、「予言」の位
置づけである。私にはこれも第1の説明の延長、すなわち
書字の知識と訓練を重視する社会と深く関連しているテー
マだと考えた。

あらわれてきたのは、読み書き能力（リテラシー）を生
活の技術としてもちあわせていないと、うまく生きていけ

85　別に「へへののもへじ」とも唱える。使うひらがなを変えたバージ
ョンもある。また、ひらがなだけでなくカタカナや漢字をまじえた「ヘ
マむし入道」などもある。
86　「どすんと音がしたのはどこでしょう」（答えは寺で、土と寸の合
成）という謎かけも同じ遊びで、さらに複雑になっていくと、「恋（旧字
の戀）とはいと（糸）しいと（糸）しいと言う心」と解くざれごとが
生まれる。

ない社会である。そのことを象徴的にあらわすのが、借金などのさいに書かれる「証文」である。その書き付けは、返済の約束を確認し証明する。内容を理解するにも自分で書くにも、文字のリテラシーが必要である。

　私の第2の解釈の要点は、証文として書かれたものの知識や経験こそ、「クダンの予言はかならずあたる」という言説が生まれる基盤であるという主張にある。すこし乱暴に敷衍するなら、クダンのもつ不可思議な力は、その形態の両義性や人びとが感じている不安や信仰に由来するのではなく、生活のなかに入りこんだ文字の力そのものに根拠をもつ。

　概要にとどめるが、証文は未来にかんする約束であり、つまり契約である。金を借りて、いついつまでに返すという約定をかわす。返せなかったら、満座のなかで笑われてもかまわないとか、土地を差しだすとかの代償を明記している。返せないという事態は、未来の時間に属している。

図表10-8
「証文」が媒介
する社会

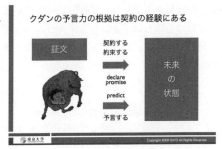

それは、未来のことに言及する予言と同じ構造をもつ。返せなかった場合の代償は、証文に記されたとおりに支払われざるをえない。その意味で、証文という「文」は未来をあらかじめ語るという意味における予言である。クダンが話したことの正しさは絶対で、予言として当たるという解説は、この証文の力の経験や想像において生まれる。

　じっさいに、無筆で文字を読めないために、思いもかけなかった災難にあうという教訓を隠れた主題とする昔話や世間話をいくつも挙げることができる。

声のなかの常識：「くだんのごとし」という謎

　第3のポイントは、「如件（くだんのごとし）」の由来談の位置づけである。証文にそう書くのは、この予言獣の確かさに由来するという解説を、どう説明すべきか。

　もちろん、この因果関係の解説は、関連づけとしては逆立ちしている。証文の確かさのほうが先立つ実感としてあるからである。クダンの実体化は、そのあとに生まれた。しかし、因果の方向性は、意図的にせよ偶然にせよ、逆転することはしばしばある。

　問題にすべきは、証文の確かさの知識やおそろしさの感覚[87]が、なぜクダンという怪物を生みだしたのか、である。

87　このおそろしさの感覚は、詐欺的な分割払いローンの書類や、連帯保証人の書類に、印鑑など不用意に押してはならないという教えにも残っている。

図表10-9
声としての知識・
教養

このフレーズは慣用の
常識であった

証文の結びの文句だ
と誰もが知っている

クダン ノ ゴトシ
如件

謎 = 空白

なぜそう書くのかの
意味は誰も知らない

日常のなかの余白
説明という物語
因果関係づけの余地

　ここにおいて「くだんのごとし」というフレーズが、そ
の社会のだれでもがといっていいほどに広く、声で知られ
た常識であった[88]という事実が参照されなければならな
い。つまり証文の終わりに必ず「如件」と書くこと、それ
を「くだんのごとし」と読むことは耳でみなが知ってい
る。

　そこでのクダンという怪物の現出と実体化について、私
は以下のように考える説明を提出した。

　「くだんのごとし」は耳でもよく聞くが、なぜ証文にそ
う書くのかの理由は知らない。無意識といっていいほどの

88　たとえば落語の「たらちね」という話は、京都で屋敷奉公をした、
並みはずれてていねいでおおげさな漢字交じりのむずかしいことばを使
う細君とのやりとりの滑稽話だが、そこでオチにでてくるのは手紙の結
びことばの「恐惶謹言」と、証文の結びことばの「よってくだんのごと
し」である。「酒を飲んだら、よって（酔って）くだんのごとしか」とい
うオチは、酔うをかけただけであるが、くだんのごとしが意味のわから
ないまま、耳になじんでいたフレーズであったことだけはわかる。

あたりまえさで通用していることばには、語源の不明をふくむものは多く、なぜ別れるとき「さようなら」というのかも同じほどの説明のしにくさをふくんでいる。あらためてなぜを問われると、説明できない。

こうした説明の空白は、さまざまな解釈を呼びよせる。こじつけも可能である。しかも字面でのことばの意味は「クダンのようだ」というものである。そのつながりをひねって、パロディのような、笑い話のような説明がつくられることもある。不気味な怪物の存在を、空白にはめこむことも可能である。少なくともこの関連づけにかんするかぎり、最初の発想はすこしひねったつくり話だったのではないかと思う。文字で遊べるだけの知識をもつものたちの「話」の場が、ちょっとした謎かけとしてつくりあげた関係づけではないか。

ゲームとしての流言：さまざまな動機が関与する場として

しかしながら、流言の流布のプロセスはひねりの遊びに終始するものではない。さまざまな理解力を有するひとが、その伝達にかかわり、恐怖や願望の再混入もふくめ、非合理への批判や愚かさへの嫌悪もふくめて、拡大していく。つまり流言の回路をなす、話し／聞かれる場の連鎖は、1つの動機や心理だけで説明しきれるものではない。むしろゲームとしてとらえたほうが正確であるような、構造性をもつルールにささえられている。私の解釈の第4のポイントは、流言といううわさ話のそうした複合的なゲー

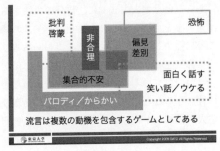

図表10-10
多様な動機の関与

批判
啓蒙

非合理

偏見
差別

恐怖

集合的不安

面白く話す
笑い話／ウケる

パロディ／からかい

流言は複数の動機を包含するゲームとしてある

東京大学　Copyright 2009 SATO All Rights Reserved

ム性である。

　ここでいうゲーム性とは、複数の動機をもつ主体の関与
を許容するようなルールのもとで、共存がささえられてい
るシステムとして対象を分析する視点[89]をいう。

　やや脇道にそれるが、具体例をあげたほうが、ここで強
調したいゲーム性をイメージしやすいだろう。ゲートボー
ルという日本発祥のスポーツが、1980年代には高齢者のあ
いだでブームといってよいほどに流行した。この流行を分
析していくと、ゲームに参加する人びとの楽しみがじつは
1つに限定された共通ではなく、多種多様な楽しみの共存
であることがわかる。

89　ゲームというと、社会学者はすぐに「囚人のジレンマ」のような不
完全情報のもとでの意思決定のゲーム理論を思い出すかもしれない。こ
こでいう概念としてのゲームは、もうすこしゆるやかな条件での集合性
の設定であり、それほどルールやプレイヤーの動機や取りうる行動が限
定されたものではない。

あるひとは個人主義的に、自分の成績をあげることだけに充実感をもつ。あるひとは相手チームの球の邪魔をすることに熱中し、ひそかにほくそ笑む。あるひとはプレイヤーに作戦を指示し、他人に命令することにゲームの楽しみを見いだしている。あるひとはチームのために自分の球が犠牲になることにやりがいを感じる。あるひとは戦時中の防火訓練のバケツリレーを思い出して、集団が協力しあうことが楽しいという。こうした異なるタイプの動機を受け止められるようなゲームのルールが、このゲーム世界のなかでの集団の共存をささえている[90]。じつは社会もまた、そうしたゲーム性を有する共存空間である。

クダンの流言もまた、複数の動機や相反する感じかたを共存させているのではないか。集合的不安や不満に還元しようとする説明があやういのは、この複数性を許容するゲームとしての性質を見落としているからである。

クダンの誕生：「起源」の説明

私が論文で提出した説明は、「クダンの誕生」という主題にかんしては、次のような重層性をもつものであった。

まず第1の層として、クダンの話そのものは、文字のリテラシーが生活技術としても重要になりつつあった（図表10-8）近世末に文字あそびのひとつとして、つくりださ

---

90 ここではプレイヤーの楽しみしか複数性の例に挙げていないが、ゲートボールの流行は、それがおこなわれる空間の整備や、高齢者の時間の余裕、寄合の伝統などさまざまな要素の関与が考えられる。

れた可能性が高い。そのとき素材となったのは、「よって
くだんのごとし」の声の常識（図表10-9）であり、「件」
の文字の知識（図表10-7）である。ただ予言の主題にかか
わる契約書類としての証文が社会的に生みだした畏怖の感
覚も無視できない。ここに声の文化と文字の文化の接合面
をみることができる。

　しかし第2の層としての話の流布や増殖は、地理的にも
歴史的にもまったく異質な場をまきこんで展開していく。
そのことが話の性質を複雑なものにしていく。ある集団に
おいてパロディの冗談であった表象も、伝えられた別の集
団においてはおそろしい神秘と受けとめられるかもしれな
い。すなわち、この話の流布としての語りなおしは、図表
10-10にあげたような、さまざまな動機を共存させたゲー
ムとして分析することができる。

　第3の層として、さまざまなメディアの関与も無視でき
ないプロセスである。その重要性は、このクダンが現代に
もうわさ話・流言として存在しているからではない。図像
が印刷された紙メディアとしての「かわらばん」は、口承
の直接性をこえてこの話をさまざまなところにひろめてい
く媒体となった（図表10-5）。これらが厄除けの札として
売られ、そうした紙片をもって村々を歩いたひとびとがい
たことは、商品としての流通も考えられる。記憶もまたた
んに伝承として伝えられるだけでなく、しまいこまれてい
た一枚刷をたまたま見る経験からも立ちあがりうるのであ
る。

クダンは、民俗学や社会学の流言研究にとって、方法論的なテーマをになう対象として分析することができる、とまとめた。

対象が動きだすとき：問題設定の光と素材の鑑定

　長くなったので最後にするが、ひとつだけ素材そのものがもつ力についても指摘しておきたい。

　あらためて言うまでもなく、ここで提出した説明は、流言の発生に一般化できるような理論枠組みではまったくない。「口裂け女」のうわさであれば、おそらくこのような誕生の分析はなりたたない。「クダン（件）」という、文字の文化の化身のような表象をめぐる意識であればこそ、メディア史的な視野で問題を論じていくことがひらかれたのである。

　このことは、やはり論ずる対象の素材としての力には、固有の特質といってよい差があることをものがたっている。その力はどうしたら見わけられるのか。この問いにも万能の処方箋となる解答はない。素材の存在形態のどこかにその答えが内在しているとしても、まずは分析してみることをつうじてしか探索できないだろう。内実も実態もなにも知らず、ただ外的で形式的な条件だけで対象をしぼろうとしてもむずかしいのは、それゆえである。

　なぜ分析してみなければわからないのか。

　素材の力だけで論文は動いていかないからである。問題設定の光に照らされて、はじめて素材は動きはじめる。適

切な問題設定は、これまで論じてきたように、観察と分析がつくりあげるものなので、分析してみなければわからない、ということになる。この「クダンの誕生」の問題設定の光のなかでは、おそらく「口裂け女」や「学校の怪談」の素材はうまく動けない。

　素材を活かす、という。論文を書くなかでも、対象のほうが動きだして、いろいろな問題やかかわりのあることがらを教えてくれるように思えるときがある。錯覚だが、べつに擬人法で語っているつもりはない。そもそも「文」は主観的でも客観的でもなく、主客のいりまじった意味的な存在なのだから、そんな立ちあらわれかたもあるのだろうな、と思う。しかし素材がもつ力だけで、対象が動きだすわけではない。論ずるべき対象は、問題設定の光のもとでしか動かない。

　社会学はあつかう問題の範囲が広く、すべての資料は意味があるとする解読の徹底は、いつも意外な発見をもたらしてくれる。他方で、素材の力を冷静に鑑定する能力や覚悟も必要である。

第11章　リテラシーの発見
: パソコンで書くこと（その1）

　「読むこと」と「書くこと」との関係については、最初
の書物である『読書空間の近代』以来、私の根源的な関心
のひとつだった。読む実践のなかに生まれる能動性を考え
るうえで、書くことが組織する力についての考察は不可欠
である。その考察は、もういちど印刷物が媒介した知の運
動の「長い革命」を検討しなおすことにもなる。

新聞を読まない子どもたち

　1990年代のはじめに、高校という教育の場におけるリテ
ラシーの現状を紹介した、ある国語教師の短いエッセイ[91]
を読んだ。なかなか考えさせる現場レポートで、いくつか
の風景が印象にのこった。とりわけ興味をもったのが、新
聞のテレビ欄を見ようとしない学生たちの記述であった。
それから約四半世紀たった今は、新聞そのものを取らず、
読まない学生たちが大部分になりつつある。その意味で

91　石郷岡知子の「高校教師のつぶやき」[1991] である。この文章は、
のちに『高校教師放課後ノート』[石郷岡 1993] というタイトルで一冊に
まとまった。

は、先駆的な観察だったと思う。

エッセイによると、教師1年目に（それがいつなのかは記されていないけれども、おそらく1980年代であろう）、まずテレビ欄が新聞の第一面だとばくぜんと思っている生徒に驚く。しばらくのあいだは「まさかテレビ欄が一面だとは思ってないよね。テレビ欄からはじめて、ぺらっとめくってマンガを見て終わり、じゃないよね」とやっていたそうである。バツの悪そうな顔や「やだ、違うんだ」というささやきが広がった、という。ところが4・5年目になると、同じ問いかけに「えーっ、それじゃいけないのぉ」とか「あ、オレ、オレ。オレそうやっている」と元気よく答えるものがあらわれだした。恥じる様子もない。

さらにそのエッセイによると、表形式にまとめられたテレビ欄すらじつは見ない生徒があらわれはじめた。「めんどうくさいもん。適当にチャンネル変えてさ、おもしろそうなの探せばいいんだから」。リモコンの普及のおかげだと述べられているが、たしかにそうした装置のある生活があたえた効果[92]は無視できない。

リモコンのある生活の一般化は、身体の動きかたを変えたのである。そして新聞のテレビ欄という表形式のデータを読み、そこから番組の内容を想像し、自分の今夜の視聴を計画する構想力を「めんどうくさい」ものと思わせ感じさせるにいたった。

92　こうした視聴者について、稲増龍夫［1991］が考察している。

日常のなかのリテラシー：メディア経験の多層性

　こうした高校生の現在が、私に興味ぶかかった理由はおそらく、メディアが構成する経験の多層性を暗示していたからである。さらにいうならば、視聴の経験をメディアごとに切り分けて追究してきた、これまでの研究調査の限界を予感させたからである。

　テレビの視聴は、けっしてその機器（デバイス）に囲いこまれて限定的に論じられる経験ではない。すべての人びとに共通・同一のものでもなく、また受動的というような単一の特質によって割り切れるものでもない。その点では、じつは私がもし力およぶならばもういちど社会史的に問うてみたい「読書」と同じである。そして新聞のテレビ欄は、かすかながら印刷物メディアの特質として、自らのテレビ視聴を計画化する態度を媒介していた。そうした指摘は、あたりまえのことであるが重要だ。

　われわれ自身もまた、メディアが多層化した現代のただなかに暮らしている。その身体は、多メディアの重層をどのように使いこなしているのか。使いこなせていない人びとのそれまでふくめて、問われるべきはその実践であり、実践の具体的なかたち、さらにはそのかたちがやどす意味である。

　そこに読者論・受け手論という固有の視座があらわれる。2つの重なりあう課題がある、と思う。

　1つはメディアのとらえなおしであり、もう1つは身体

の問いなおしである。メディアの概念を、これまでのように活版印刷や新聞やテレビといった単体の技術体系にそってだけでなく、それらが複合する多層性においてとらえなおすことである。

いまもときおり聞くことがないわけではない「メディア・ミックス」の概念が、送り手の商品生産の手法としてしか語られなかった現状を、受け手たちの経験において問いなおさなければならない。メディアそれぞれがもつ特性の差異をふまえたうえで、なお構成されるべきは、その重なりや相互関係が生み出す効果・作用の構造である。そのなかでメディアの複合を使いこなす（あるいは使いこなせない）身体を問わねばならない[93]。

リテラシーの危機：読み書き経験の衰弱

活字離れ批判の底にある教養信仰は、文字が読め、本が読めるのは人間として当然の能力であるとの信念にささえられている。その信念が、上述のような身体への観察をにぶらせる。読むことは、人間に特徴的な能力であるにしても、自然なる本能ではなく、習い学んだ知の技術である[94]。

たとえば同じエッセイは、現代の高校生たちの音読その

93　認知科学における「認知的な人工物」という考えや「インターフェース指向」も、こうした関心とつながると思われるが、その概観は、佐伯胖「道具使用の認知科学」［石崎俊・波多野誼余夫編 1992］がわかりやすい。

ものの衰弱を指摘している。授業で音読させると、読むスピードがおそろしく遅いばかりか、「同じ行を繰り返し読む、一行とばす、行の途中で隣の行に移ってしまうといったことがしばしば起こる」［石郷岡 1991：32］。さらに書かれた文字の方はとみると、バラバラ文字が目立つ、という。「ごしごしと力まかせに書いたような字、妙に力なくひょろひょろした字、それらが大きさもまちまちに、蛇行しながら解答欄からはみだしている」。字の大きさも書体も行取りもバラバラだというところに、最近目立ちはじめた特徴がある。「まるで字を覚えたての幼児の字」［同前：33］なのだ、と慨嘆する。

　もちろん、これらの遅さや読みとばしや不揃いが大多数だという論証がなされているわけではない。どれだけの人びとがまともに読めない層なのか、その測定も検討も必要である。割合として表せなければ、リテラシーの危機の現状はわからないという留保も、問題意識を独走させないための検証として重要であろう。バラバラ文字の指摘にしても、「こちらが恥ずかしくなるようなみごとな字を書く生徒がいる一方で」［同前：32］という限定をともなって述べられていることを読み落としているわけではない。

94　英語の「読む」という単語は、アングロ＝サクソン語の「readan」（助言する、解釈する）ということばに由来するらしい。J. D. ボルターは、この語源に「読むということは話すことの派生的な形態であり、読者は沈黙したテクストを語らせることができる解釈者なのだ、といった信念に基づいている」［Bolter 1991＝1994：183］という認識が込められていると述べている。

しかしながら、ここであえて注目しておきたいのは、リテラシー（読み書き能力）という問題意識のなかで、この音読の衰弱とバラバラ文字現象のあいだの深いつながりが暗示されている点である。

読み書き能力の離陸

　なぜ、同じ行を読んだり、途中から別な行に移ったりという読みまちがいが、ひんぱんに起こるのか。1字1字をバラバラに見て発音しているからである。1つひとつの文字は、たしかに読めているのだろう。しかしながら、前後とのつながりを考えながら声に出すところまではいっていない。

　そうしたコンテクストを構成しつつ読む、読みかたが成立するためには、おそらく瞬間的な黙読ともいうべき目の先行運動と声の協同が必要なのではないか。黙読ととらえてもよい自由な目の動きの裏打ちもなく、声そのものが熟語や決まり文句に馴れていなければ、音読は滑らかには進まないだろう。その点において、この現象はリテラシーの未成熟を意味する。

　読ませているのがむずかしくて興味がもてない教科書だからではないか、という解釈の余地も当然ながらある。マンガならたぶん夢中になって読んでいるはずだ、じっさいたいへんなスピードでマンガを飛ばし読みする若者たちも観察されているではないか[95]、と。

　しかしながら、マンガすら読まない、というより、読め

ない層の存在もまた、同じエッセーは観察している。すなわちマンガに対しても「字ィ読んでいるうちに目がチカチカしてきちゃって。話の前の方、忘れちゃうし」［石郷岡 1991：32］という生徒たちがあらわれてきている。マンガはかんたんで単純で頭を使わないでも読めるという固定観念は、古くさい教養主義からのあからさまな蔑視であり、それ以外の認識を生産しない。むしろマンガを読む経験は漢字を読む経験、すなわち絵は表意の漢字に相当し、吹き出しの文字はルビという読みの指示にひとしいという養老孟司の説［養老 1991］［養老・吉本 1991］を受け入れるとすれば、この２つのリテラシーの低下の同時性は、それほど不自然なことではない。

「読むこと」における衰弱と、書くことにおける「バラバラ文字」、おそらくこの２つは呼応している。バラバラ文字は、いわゆる極端なクセ字とか、うまい下手の問題ではなく、「書体」成立以前の事実である。

それは文字を書く経験それ自体の蓄積の不足にかかわる。かつて「変体少女文字」［山根一眞 1986］という命名で話題になったことがある少女たちの丸文字は、一種の異体の文字として、書体と論じてよいそれなりの法則性があった。他の文字と比較して特異な形態を感じさせつつも、大きさがそろい釣り合えばこそ、行が成りたち文字面が整

95　永井良和「マンガ〈環境〉論」［現代風俗研究会編 1993］が指摘する「スキャン読み」が興味ぶかい。この指摘の素材となったジャンプ尾行班「『週刊少年ジャンプ』を尾行する」［同前］も参照のこと。

う。クセ字であれ異体字であれ、書体が成立するために
は、書くという経験の個体的および社会的蓄積が必要であ
る。

　そして書くことは、そのプロセスにおいてなんども文章
を読みかえすという実践をともなう。声にだして変でない
かを確かめるということもふくまれるだろう。そうした読
み書きの相互関係が切断されているところにおいて、レポ
ートされているようなリテラシーの現状が生まれたのでは
ないか。

　文字というメディアをあやつる経験もまた、ばくぜんと
認識されているようには自然でなく、また等しく一様では
ないのである。

読書空間の近代

　社会史における読書の再検討は、こうした身ぶりの多様
性を正面にすえようとしている。そこで問われているのは
リテラシーの質である。それは、読書という実践のなかに
生まれた「近代」への関心ともひびきあうものだ。

　ジャン・エブラールによると、フランスでは19世紀の前
半になっても「受け持った生徒にアルファベットを教えよ
うともせず、読めなければならないほんのいくつかの文章
（祈り、主祷文など）を暗記させるだけ」［シャルチエ編
1992：63］といった教師たちが視学官から数多く告発され
た。つまり耳できいて受動的に覚えさせるだけの、じつに
限定的な識字教育でしかなかったのである。

そこにおける読者とは、耳で聞いてすでに覚えている文章を、なんとか単位として切り出し、その単位に相当する部分を書かれた文字列のなかに探しあてるというていどの読む実践しか組織しえていない。その読書は、文字によって既知の文章を思い出しているのにすぎないのである。

　これに対し、文字によって既知の文章を変形し、記憶を組みかえて、新しい意味をもつ文章をつくりだすこと。その作業こそ、読むという実践における「近代」の形成、すなわちウェーバー風にいえば「伝統的行為の克服」であり「魔術からの解放」を意味する。

　読書という実践におけるそうした新しい態度の形成の意味は大きい。そして、そうした新しい態度を生みだす構造的な力として、記憶を組みかえ、テクストを変形する技術に注目する必要があると考える。そうした技術が、人びとの経験の水準において、いかなる形で成立するかである。

　それを私は「読書空間」[佐藤健二 1987]と名づけた。無数の読者たちの読書実践のなかに「空間」と表象しうるような関係―構造が生まれ、その構造がより複合的な位相をもち、力能をもつ重層構造へと進化してゆくことそのものに、近代の誕生を論じようとしたからである。

　「読書空間の近代」という2つの語の接続のしかたにこめた意味は、微妙である。空間性の誕生こそが近代という様式形成の基礎をつくった、その含意はすでにのべた通りである。しかしそれだけではなく、その読書空間の複合的な展開は、近代という語ではおおえない新しい様相をも生

みだすかもしれない。その余地を、接続詞の「の」に負わせていたからである。だから「の」の役割は2つ重ねであった。第1の役割は等号、すなわち「読書空間」＝「近代」という意味の表象であり、第2の役割は「読書空間」論一般の余地をのこしつつ、そのなかにおける「近代」の特異性を指示するという限定を意味したからである。

　読書という切り口において、われわれの認識の生産様式がとらえられるのではないかと期待していたこともまた、事実である。マーク・ポスターなら「情報様式」[Poster 1990＝1991]というところだろう。あえて新たにこなれていない「空間」という語との結合を選択したのは、遠近法という関係づけの論理の成立や、一望のもとに見わたす視覚の構築などとの連接の論点をどこかに込めておきたかったからだが、メディアの多層性そのものを、それがもつ具象的な形と配置とにおいてあきらかにしたかったからでもある。空間は、複数の要素が作用する場そのものであり、その場の存在を指ししめす概念である。そして、近代ということばを、合理・理性の根拠をもとめて実存主義にゆきつく主体性においてではなく、また機能や意味ということばの洗練のはてに抽象される空虚なシステム概念においてではなく、具体的な媒体の存在形態にやどる力のかたちの分析にむすびつけて語りたかったのである。

　とらえるべき主題としての「読書空間」は、メディアが組織し開発した空間であり、そこにやどる力の表象であった。その力こそが「リテラシー」である。

ワードプロセッサーとの出会い

　そして「読書空間」というカテゴリーの形成にとって、書物の技術にかんする知識も重要だったと思うが、意外にもワープロ経験が果たした役割は大きい。ワープロは直接の母体でないにせよ、読書行為の対象化において、産婆か保母に匹敵する役割くらいはじゅうぶん果たしていたのではないか。

　本格的にワープロで原稿を書くようになったのは1983年頃である。その最初の異文化としての接触と、その接触経験の省察なしに、活字文化テクノロジーに対する洞察や、柳田国男解釈における読書への問いかけは、ひょっとしたら深まらなかったかもしれない。それは書く─読むという経験を、原稿用紙のこれまでとは違う角度でみせてくれたのである。

　とはいうものの、現代の機器の電子メディア性の新しさをことさらに強調し、活字に象徴される近代の書記文化との断絶のみに執着するのは、危険だと思う。われわれの新しい経験は、印刷物が再組織した書記文化を前提に、それを素材として編成されなおしたものだからだ。そこにおいて注目されるべきは、断絶や差異の部分だけではない。同一なる基礎の部分までをふくみこんだ特質の総体ではないか。

　そうした経験の特質の構造的な総体が、メディア史を名のる広告まがいの差異の強調のなかで分断され、かくされてしまう。その効果は、批判されるべきであろう。

だからここでは、かえって活字文化テクノロジーとの連続性を、あえて強調しておこうと思う。管見によれば、ワープロは小さな印刷所であり、等身大の活版印刷工場である。だからこそかつて活字文化が可能にしたものを、圧縮して実感させる。そのメカニズムを見落としてはならない。

　それなら、ワープロで書くという経験は、わが読書空間論のどんな論点を育てるのに役立ったのか。章を継いでもうすこし、コンピュータを使って書くという経験のなかでの発見を考えてみたい。

第12章

読書空間のなかで書く
：パソコンで書くこと（その2）

　ほぼ四半世紀前の自分の本を取り上げるのは、いささか
面はゆいが、「読書空間」の発想は、私自身のメディア論
とリテラシーという主題へのアプローチの原点だった。柳
田国男解釈の枠組みとして作られた「読書空間」概念は、
じつはじつに深く私のワープロで論文を書くという経験と
結びついていた。

　あの本は、私がワープロで書いた最初の一冊だった。

　私のメディア論の年来の持論の1つに、新たなメディア
の重層のなかにおいてこそ、かつてのメディアの気づかな
かった作用の総体がはじめて見え、論じられるようになる
という仮説がある。マクルーハンが書物の世界を総体すな
わち「銀河系」として論じられたのも、テレビの普及がは
じまり電話の活用があたりまえになった1960年代において
であった。私もまたケータイが生活に深く侵入した時代に
おいて、はじめて電話がわれわれの世界になにを生みだし
たかを論ずることができた。その意味で、「読書空間」と
いう読み書きの近代を総体的に認識しようとする枠組み
が、ワープロという新しい筆記装置の経験とともに立ちあ

がってきたのは、偶然でない。

　読書空間という概念のもとでの「書くこと」の発見を、すこし整理してみよう。

テクスト変形の能力

　第1に、読書空間におけるテクストの変形能力という論点がある。それは活字が可能にした文化や、カードなどの知的生産の技術を再認識させる刺激となった。

　私のワープロ経験もまた、原稿用紙を使って書く古典的な作者意識から出発した。だから最初の受容は、「清書」の意識だったと思う。しかし、その限定的な認識はすぐに乗りこえられていく。もうすこし大がかりな変容が起こっていることに気づいたからである。

　書き手＝作者にとって、ワープロは清書機械以上の存在であった。1部かぎりの完成に向かうタイプライターではなく、くりかえされる訂正・推敲を無限に許容する、個人化された印刷所であった。読みかえして、まちがったり不満だったりする部分部分をなおす。組みあわせを変えたり、順序を変えたりしてゆけば、論理においてより満足しうるテクストになる。これは工学的な「部分と全体」の世界観である。部分部分を改善してゆく、その総合は、全体をよりよく構築しうる。そうした予想がそこにおいて、明確な「印刷物」としてあらわれる。工学的な手法と思考の成立において、ワープロは清書機械という以上に、テクストの工場であった。

そうした経験を可能にしているのが、技術レベルにおける文字単位での操作可能性である。文字を単位とした移動・削除・複写といった、文字列操作の自由がそこで生みだされた。それは、じつは活字という歴史的な技術が印刷に生みだしたものの延長だった。グーテンベルク・テクノロジーの1文字単位での分離と、そのうえにたつ結合の自由と同じ可能性だったのである。

　ワープロは、「活字」が鉛合金の媒体と社会的な分業のもとで可能にしたそれを、時間的に圧縮し、等身大に縮小した。この連続性の発見は、そのまま私のマクルーハン解釈の視座となり、オング［Ong 1982 = 1991］の「文字の文化」やアイゼンステイン［Eisenstein 1983 = 1987］の「印刷革命」を読む座標軸を構成した。

　一方において、書く経験において固有のかたちで生まれた断絶もまた、見逃してはならない論点である。

出発点の更新：直した痕跡の切断

　紙のうえでの書き入れと異なり、電子メディアでの変形はたしかに痕跡をのこさない。そのことに注目したばあい、ワープロで書くことの痕跡のなさ、すなわち反歴史性は、これまでの書字文化とことなっていた。

　しかしながら、活字文化における校正の経験を参照すればわかるように、活版印刷物の形成プロセスにも、いくたびかの痕跡消去のくりかえしを発見することができる。結果としての痕跡の消去は、活版の文化にもあった。むしろ

その場で何度も何度も、労せずしてテクスト面から自らの介入の痕跡を消去しうることこそ、書き手にとっての新しい経験ではなかったか。

すなわち、歴史を切断した現在の滑らかな表層からつねに読みが出発しうるということ。その痕跡のない表面に、われわれはさらに書きこむ。そうした校正に似た更新をいくたびも、書き手が新しくくりかえしうることこそ、ワープロが組織した書く経験とみるべきであろう。それは、切断にもとづく変形能力という概念を、新たなかたちで満たす経験の内実をつくりだしている。

アイゼンステインが、累積的なフィードバックととらえた、活字印刷文化の正確さにむかう運動[96]も、こうした変形力の歴史的な拡張に根をもつ。変形能力は、すでにのべたように既知の文章をもとに新しい表現をつくりだす創造力の、一般的な基礎を構成する。しかしながら、変形という語をそのまま差異の生産の局面でだけ価値づけて理解してしまうことは避けられねばならないだろう。同一性の複製・保持も、変形＝創造という現象をささえる重要な要素だからだ。

「変形」が「改善」として成立するためには、それが一

96　第３章でも述べているように、誤記の多い写本群から改善された刊本の誕生について、古くからの誤写が印刷の出現後さらに悪化し進行が早まったこと、そのために逆に改悪の事態がより明確に学者に伝わり、それに対処する工夫が意識されるようになったことを指摘している［Eisenstein 1983 ＝ 1987：80］。

定の蓄積力・保存力に裏打ちされる必要がある。すなわち、以前のありようがきちんと記録され、参照されうること。なおした部分だけがなおされ、ほかはそのままに以前の状態が連続すること。そして新しい全体が記録され、さらなる改善の対象たりうること、といった作業段階の安定が必要である。

　変形能力が、たんなる方向のない変化ではなく、一定の方向性を有する運動となったとき、フィードバックの累積が、ひとつの文化として成立する。活字文化とは、まさしくそうしたものであった。

　そのためには、主体としての書き手の価値の一貫性という外挿される要素とは別の、対象として存立する書かれたものの共有が必要である。すなわち、読書空間に内在する要素として書きこまれた記憶が連続し、記録が保存されることが重要である。それを社会的なレベルでつくりだしたのが、印刷の複製力である。その観点からみた場合、コンピュータの普及がネットワークにおいてつくりだす記録は、安定性という局面において、紙システムの証言力の厚みにいまだ達していないかもしれない。

　ともあれ、活字文化とワープロ経験とをつなぐ共通性は、テクストというかたちで表象を対象化する運動であると同時に、対象化したテクストを自由に変形しうる運動であるという点にある。それは変形力という点で、活字ばかりでなく、カードや索引という情報操作の技術のかたちともつながっている。柳田国男の読書におけるカードの利用

や索引への執着を、テクストの変形＝生産のための読者の技術ととらえかえした基礎［佐藤健二 1987：140-8］に、この電子レベルに圧縮された経験があったように思う。

書きなおす主体と読みなおす主体の融合

　第2に、読書空間においても、固有の主体形成の論点がある。テクスト変形の能力は、やがて読者という主体の発見につながる。その意識化は、ワープロの使用が、作者と読者の位置関係を一目でみわたせるほどに縮小して経験させてくれたことによっている。

　このテクスト生産の小工場は、下書き／清書／版組／試し刷／校正という作業を、ひとりの個人の経験の範囲に、しかも机の上に圧縮した。その圧縮は、活版の工程が厳密に区別しようとしていた推敲と校正を混同させるほどに、経験として近づけていく。下書きとか清書、さらには校正における修正といった、これまでであれば別な工程に分けられていたテクストの変形を、同一の書きなおしの実践[97]として浮かびあがらせたのである。

　すなわち重要なのは、読むことを通じて書く、書きなおすことを意識しつつ読むという実践であった。強調された

97　この近似は、すでにラテン文字アルファベットについてはタイプライターが実現していたものである。アメリカに留学した高根正昭が、日本語の書字環境から離れ、英文タイプライターでの発表ペーパーの清書の義務という慣習に触れて、その重要な意義を仲間たちに読んでもらって批評を受けることができる便宜にもとめたのはおもしろい［高根 1979：22］。

のは、テクストを無制限に「改善」する主体である。

　書きこみの物理的な余白を気にせずに、また組みなおしの労力や費用を考えずに、テクストに介入しつづける。その実践は、主体の解釈者・改善者としての意識をきわだたせる。等身大の活版印刷所としてのワープロは、作者と読者との固定した距離関係そのものをゆるがしていった。草稿として書かれたものそのものが、すでに書物の版面にかぎりなく近づく。

　そこにおいてテクストの作者は、読者にかぎりなく近づく。最初の読者である。同伴する読者というべきかもしれない。

　そして作者の原稿への書きこみは、読者が記す欄外のメモやアンダーラインの経験と、ほとんど隣接している。つまりわれわれは、テクストを変形する主体としての読者という論点を、具体的な経験において意識しはじめるのである。

　近世の読書と書物生産との思いのほかに近い関係を論じたとき［佐藤健二　1987：134-6］、一方で思いうかべていたのはその感覚である。近世において、随筆の著者たちの多くは書き抜きに長じた筆まめな読書家であった。今日でいえば読書ノートとでもよぶべき覚え書きと、書物との区別は微妙である。それは、写本が支配的であった時代においては当然のことであった。筆写と著作との具体的な区別のためには、テクストの綿密な比較を必要とするからである。そうしてテクストの比較は、印刷物の複製力によって

はじめて、社会的に一般化し定着したということを忘れてはならない。

　13世紀の修道士によると［Eisenstein　1983 = 1987 : 92］、書物をつくる4つの方法のうち、「他人の著作を加筆や変更なしにそのまま書く者」を筆写者とよび、「他人の著作を他人の加筆を入れて書く者」を編集者という。そして「主として他人の作を扱い、説明として自分の考えを加える者」を注釈者、そして「自作を主とし、傍証として他人の意見を自作に加える者」を著者という。この概念系列の整理が、完全に一個人の発想だけにもとづく創作者としての著者をまったく考慮していないことに、13世紀の修道士という限定を思う必要があるかもしれない。しかし、近代の価値観からは周縁においやられた模倣と引用とが、書く経験の基礎にあることもまた見落としてはならない。

　さらにいうならば、著者という概念自身、印刷技術以降に特権化された主体概念だったのである。ワープロで書く経験の一般化が裂け目をつくりだしたのは、その歴史的な特権の自明性に対してである。私にとって、その裂け目の発見は、書くことに同伴する読者の批判力の自覚化そのものだったのである。

印字による個性の切断あるいは自己の対象化

　第3には、読書空間において標準化された文字が媒介する思考の発見である。その歴史性にふみこむきっかけもまた、このワープロ経験と無関係ではないように思える。

手書きの書き入れ文字を、標準化された字体の印字に変えてゆくプロセスが、ワープロ経験にはいくえにもたたみこまれていた。それは手書き文字の個性をはぎとり、均質化してゆくグーテンベルクの「活字」の歴史的効果の再現でもあった。

　手書き文字には、その人独特の個性がいきづいている。文字のうまさやまずさを、上手や下手など「手」に関連づけて表象させてきたのは象徴的である。字体はなるほどその一面において身ぶりの痕跡であった。ワープロの印字は、そうした身ぶりにまでさかのぼる個性の表象を切断する記号化という点で、「グーテンベルクの銀河系」をつくった活字の歴史につらなるものだ。

　もちろん字体の標準化そのものは、けっして活字技術以降に生まれた運動ではない。官僚制のなかにおいても、写本生産のなかにおいても、字体標準化の歴史を見いだしさかのぼることはできる。しかしながら、活字が書き文字ではなく、字母からつくられる複製であり、さらにそれらが印字という形で、紙のうえに複製されて社会的に流通してゆく。その二重の複製プロセスは、標準化の歴史にとって新しい水準への技術革新であった。

　分けて注目を要するのは、読者の視覚における効果である。

　活字化され印字された文字は、ある権威の発見をうながす。ただ形の整った文字が並んでいるだけで「なんとなく立派にみえるね」という、1980年代に多くの人が口にした

ワープロ経験の最初の感慨は重要な手がかりであった。そこに、印刷物の蓄積が担ってきた権威の歴史が露頭しているからである。その立派さの感覚は、活字の文書は真実を記録し、印刷された書物の内容は正統なる価値を有するというイデオロギーの破片である。

　しかしながら、標準化された文字の読みやすさが、批判的読解をつくりだす基盤でもあったことも忘れてはならない。原稿用紙とは比べものにならないくらい字数のそろった版面であることは、全体をすばやく見わたす能力の基礎を提供する。もちろん、全体を見わたす目、面として文字群を読む視覚は、書くことの歴史をつらぬいて形成されてきたものだろう。その起源は、文字コミュニケーションの最初にまでさかのぼる。ただ活版印刷が、書き記すことの歴史のなかでとりわけて、字数や割りつけによる視覚的な版面の全体に、あらかじめこだわらざるをえない技術だったことはたしかである。

　手書きの味や達筆が鑑賞不可能となった標準化つまり複製文字空間のなかで、さらに行が整い、列がそろい、1字1字が均質な記号面と化した全体のなかで、読者は新しい可能性と出会う。すなわち、自由に語彙を見わたし、コンテクストという意味の流れの制御あるいは管理に純粋に向かいあうことになる。ワープロで書き印字して校正するという経験のなかで、内容の整合性や効果を読んで検討する、活版印刷時代よりも気軽で早だおしの内容への査読がはじまるのである。

論理という骨格の発見

　もうひとつ、これは直接にワープロ経験に還元しにくい連想であるが、「全体」を見わたす能力の論点は、新たな要素をになう「部分」を発展させる。すなわち、「論旨」や「あらすじ」や「結論」という、いわば文章の脊椎ともいうべき内的な骨格は、じつはそのようにして生まれてきた歴史的な構築物である。そうした歴史性の発見も、大切な副産物である。

　書道につながる書き文字の色や形、風合いといった表象がになうメッセージ性を脱色し、文字を単色の均質化した記号に変える。そのプロセスは、同時に、書かれた文字を書かれた状況から徹底的にひきはなす。ことばそのものがもつであろう意味や、テクストが構成するであろう記号間の関係性、すなわち論理性（ロゴス）だけを、純粋に自立させるプロセスだった。

　手書き文字から印刷文字への変化を圧縮してみせてくれたワープロによって、逆に活字文化以降の常識を生きるわれわれが、文字の歴史的な力について、じつはばくぜんとのっぺらぼうに考えていたことがあきらかにされた。そして均質な印刷文字をたどる現代の読書においては、基本的には文字列が担う意味関係だけを追っているのだ、という読書作法の歴史的な特質に、書き手でもある読者はあらためて気づくことになった。

　つまりはメディアという、媒体の質的な特性に気づきは

じめたのである。

二次的な声の文化の混入

　第4に、表意文字を操作する日本語ワープロにとりわけ
て特殊な事情かもしれないけれども、声＝読みの再発見と
いう効果もたいへんに大きな意義をもつ。

　同音異義語の問題である。

　周知のように、日本語での入力は、カナ読みを媒介に漢
字に変換して定着させる。日本語は音訓こきまぜて、じつ
に同音のことばが多いから、画面には同じ読みの別なこと
ばが順番に出てきたり、並んだりする。書き手にとって思
いもかけない漢字変換は、ときに書き手の苦笑をさそう。
それは声の文化におけることばあそびに等しい。じっさい
清水義範の「ワープロ爺さん」［清水 1991］という短編で
描かれている、打ちまちがいや同音異義語の連続がかもし
だすおかしさは、ワープロ使用者にとって親しいものであ
ろう。清水もまたあとがきにおいて、その作品は、ワープ
ロの導入と慣れない使用が自然につくりあげたようなもの
だと述べている。

　それは、これまでの書くことにおける「文字」と「声」
との距離関係を変えるできごとであった。じっさい活字の
選字による組版を校正するばあい、多くの校正教本が教え
ているように、気をつけるべきは形の類似による間違いで
あった。それに対して、読みを媒介とする入力において
は、音の類似による誤字が飛躍的に増える。

かな入力のワープロの使用は、われわれの言語文化の歴史的分析において重要な、声の文化と文字の文化について、さらには日本語表記の体系的二重性（かなと漢字）について、考えさせるような仕掛けを内蔵していたのである。それは、柳田国男における琉球の歴史書の批判や、『蝸牛考』における声の歴史性の発見[98]と、となりあう経験ではなかったか。

　それは黙読という高度な技術におおわれた、われわれの文字享受の作法をゆるがしてゆく。一見逆説的だったかもしれない。先端といわれる電子技術の応用形態が、かえって思い出せないほど遠い時代のことば獲得の身体の歴史に、反省的思考をいたらせるきっかけになったからである。

　たとえば、読みのわからない文字を画面上に書く作業を考えてみよう。既知の読みでは文字を呼び出せない。となると、その文字をふくむ別な熟語を思い出すか、可能なる別な音訓の読みを試みるか、である。ここまでは声による読みの文化の内部で、われわれは記憶をさがしだすことになる。それがうまくいかないとなると、文字そのものを分解して理解し、操作しはじめる。部首という構成単位の捜

98　柳田は、島の古老たちが語ったものをもとに編纂した『琉球国由来記』と漢文の『琉球国旧記』を読みながら、「無理な漢字の宛てはめ」の政治的な効果に思いをめぐらす。そして文字の配列の「背後に動くもの」、すなわち声の文化の重要性を再認識してゆく。『蝸牛考』のテーマは、そうした漢字＝文字が構成する意味の層と位相を異にする、声＝読みの連続がうつしだす歴史の発掘だった［佐藤 1987：148-55］。

索である。このばあいも、部首が一般にはどのように名づけられ呼ばれているのか（たとえば「しんにゅう」とか「ぎょうにんべん」とかである）の知識が、探索や再現のために必要となる。そうした知識は、すでに書くことの訓練の領域に属する記憶だが、さらに画数による捜索では、もっと直接に書くことの経験をさかのぼることになる。画数の勘定をするばあい、おそらくほとんど例外なく、人びとは書き順に手を動かしながら記憶を再生してゆく（「空書行動」）だろうからである。

　それは、われわれの身体訓練（discipline）における、また経験の蓄積層における「自然の順序」であった。われわれは、たしかにことばをまず耳から音で覚え、その刺激をなぞりながら声を獲得した。目にうつる文字の形との対応をつけ、それを声でなぞり耳でも確かめつつ、すなわち視覚だけでなく声の筋肉運動と耳の感受性とをふくめた身体的な連合情報として、言語を記憶し、経験の内部に体系化してきた。

　書くことは、そうして組みあがりつつあった言語の蓄積を、体系的に再組織化することであった。そうした再組織化のなかで、「沈黙の声」すなわち黙読によることばの想起や記憶への書きこみは、たぶん効率的で大きな役割を果たしたにちがいなかった。そうした読み＝声の重要なプロセスに、われわれはあらためて気がつきはじめたのである。

論ずるという空間の構築

ワープロという現代的な機器との出会いが、メディア・リテラシーの経験層につくりあげた裂け目をたどってみた。

そしてテクストの変形能力、改善への志向、主体形成、読者の発見と著者の相対化、標準化された文字の権威とその批判、論理・分析性の抽象、声の再発見……といった読書空間でのできごとに触れた。すこし遠くまでたどりすぎたかもしれないけれども、一方にメディアの重層、すなわち活字テクノロジーと電子機器との重なりあいつつ作用する位相があり、そして他方における主体＝身体の変容、すなわち読み書きの身ぶりを成長させる読者がある。その相互作用こそが、読書空間の生成する場であり、またモノ（物）としてのメディアが人間の言語による認識活動を媒介する、そのありようを把握することを通じてどのような文化を生みだすのかを問う、「メディア文化」論の場なのである。

ひとつの強調が必要だと思う。

マクルーハン的な図式の一般化にたよりすぎた理解の独走を抑制しなければならない。とりわけ、声／文字／電子といった発展段階論の抽象性が潜在させている時代区分効果は、相互作用の具体的な様相のなかにふくまれる歴史を分断する。「モダニズム」と同じ理念主義の硬直において、時代を年表のように一本の線でくぎる、イデオロギーとしての「ポストモダニズム」をよびよせてしまうからで

ある。

　声の文化に対するオングの優れた考察も、みずから論ず
るように、結論的なものではなく、生まれつつある問題を
示唆するにすぎない［Ong 1982 = 1991 : 82］。われわれは、
多メディアの重層において、はじめて自らの経験をメディ
ア文化の多層性に分化して実感しはじめた。だから、印刷
物の文化と電子メディアの文化という分類の分析力そのも
のが、これからの研究の蓄積にかかっているのである。

　メディア論の図式を、そのていどには開いておくこと
は、論文を書くという経験のなかに作用する歴史性の認識
にとって、有効であろう。

第13章　コピペと引用の使いこなし
：他者の「文」で考える

　論文を書くなかで、「引用」をどう使いこなすか。

　うまい「引用」は、ただ効果的な援軍をそこに登場させるという以上に、自分が組み立ててきた論旨を明瞭にする。下手な「引用」は、論文を冗長にするだけでなく、その品格を落としかねない。

　かつて先輩の研究者が「引用」はできるかぎりしないほうがいい、と後進の大学院生に教えているところに出くわした。その理由をわきで聞いていると、自分のことばでないからだという。他人の説明でごまかしてしまっては、自分が考えたことにならない。だから、そのまま引用するよりは、きちんと要約して自分のことばでとらえなおすことが重要だ、と説いている。

　なるほど、他人の文章の「引用」でなにかを論じたかのように思いこむのは、初歩的な錯覚だが危険である。すでに論じてきているように、自分の理解や立場を明確にすることは、論文を書くうえで不可欠である。そのかぎりにおいて、自分で論ずべきことを引用でごまかしてはならないというのは、正しい戒めだと思う。

なんのためにここでこの思想家や研究者の概念や文章が引用されているのか。ひょっとしたら必然性のない「虎の威」のこけおどしかもしれない。そう思われるようなら、その引用それ自体が、すでに失敗である。それよりは、引用元の研究なり論文なりをきちんと読んで「消化」して、自分のエネルギーにしてから、あらためて活かすようにしろ、というわけだ。

　正論である。たしかに、「引用」の量があまりに多ければ、それは書き写しただけのノートであって、論文とはいえない。ここで批判されているような「引用」は、つまりは借り物の流用である。ところどころに、引用した論者の感想やら合いの手やらがはさまっていたにせよ、全体の半分以上が引用符でくくられた文の羅列だとしたら、その形式の印象だけで、論文失格を宣言する評者がいてもおかしくない。

　しかしながら、自分のことばで要約して紹介することと、引用の長さや量を規制することが、そのまま論文の成功につながるかというと、じつはそれほど単純ではない。

　「引用」について、もうすこし根本的に考えてみよう。

「ぐぐってコピペ」

　「コピペ」という日本語をときどき耳にする。「コピー＆ペースト」の略語である。コンピュータ画面上の「切り貼り」で、テクストや画像を自分の書き物に、そのまま複製移動挿入することを指す。ケータイやメールの普及によっ

て、電子テクスト環境で文字を書く経験があたりまえになって、この新語が日常会話の領域に入ってきた。

電子テクスト環境はたしかに、書き写すことにかかる時間を圧倒的に短縮し、労力をいちじるしく減少させた。その結果、資料集めでは書店や図書館にはあまり行かず、まずはインターネット空間をのぞいてみる習慣が形成された。

たとえば読書感想文という夏休み恒例の宿題の「裏技」が、集英社の少女向け情報誌『セブンティーン』（2005年7月15日号）に紹介されていて、それによると、次のようにあるという。

「ネット書店によくある『この本を読んだ人の感想』がGOOD。いろんな人のをくっつけたり、ちょっと変えたりすれば、カンタンに書けちゃいます。(恵美・高二)」[99]

安直さに眉をひそめる人も少なくないだろう。なにはともあれ「Google」などのインターネット上のいわゆる全文検索サイトで、キーワードを入力して調べる。いろいろなホームページに飛んで、そこで偶然に見かけた、役に立ちそうな知識や、おもしろそうな意見を「コピー＆ペース

99　この情報自体はインターネットで当時確かめたのだと思うが、いまそのもともとのブログにたどり着けない。ただ他の人びとの探索や引用で、その記事の画像も確認できるので、つくりごとではなさそうである。残念ながら私自身はもともとの雑誌を確認しているわけではない。

ト」する。この手法は裏技どころかキャンパスにもオフィスにも、のさばりはびこっていて、「ぐぐる」（Googleで探す）という、新しい動詞表現まで生まれている。じっさい演習の発表や単位課題のレポートばかりか、「卒業論文」すら、短時間でかんたんにでっちあげられてしまう。

　このいわゆる「ぐぐってコピペ」は、実態としてみるとあまりに安易に、そして無自覚で無責任になされていて、人によっては、インターネットを通じて「知」や「教養」の崩壊がもたらされるだろうと予言する。

　しかし、コミュニケーション技術が社会にもたらした問題は根ぶかい。それをただ「最近の若い者はなっとらん」の頭ごなしで解決しようという信念は、これまた無自覚で無力なお説教に終わってしまう。

「ぐぐる」の便利は審査者にも開かれている

　聞いた話だが友人の教授がレポートを課したところ、導入の数行以外まったく同じ内容のものが複数でてきて驚いた。調べてみると、たがいに友だちでもなんでもない。だれかのホームページで公開されていた論考があって、それをそれぞれが貼り付けただけだったのである。

　もし学生諸君が、ここでそのままコピペしても、だれが見ているわけでもない、ましてやレポートを読む側は忙しいのだからわかるまいと、高をくくっているのなら、大きなまちがいである。

　一目瞭然の全体の剽窃でなくとも、特徴的な説明や具体

的エピソードの重なりなど、じつはおもしろいほどコピペに依存した部分はわかる。ある箇所だけ文章が練れていて他の部分がまったくなっていないとか、かなり特殊な専門用語の突然の混入など、手のうちのすべては明かさないが、怪しいパターンはいろいろとあって、量を読んでいくとなんとなく自然に手がかりに気づく。

　そしてなによりも、わかるはずがないと思う学生が頼りきっているインターネット空間は、採点する側にも同じく便利なものとして開かれていることを忘れないでほしい。変だなとひっかかった記述をキーワードとしていくつか入れれば、コピペの出典元に行き着くことは、それほどむずかしい作業でも、時間がかかるものでもない[100]。

　「ぐぐる」はわれわれの道具の使い方でもある。だから「ぐぐってコピペ」の普及それ自体を非難し、効果的に禁圧する方法だけを模索するのは、統制者の発想であるぶんだけ窮屈だ。安易な切り貼りは、じつはかつての時代においても、その安直な出来のわるさゆえに批判され、みごとな切り貼りは引用と編集による巧みな趣向として認められただろう。いつの時代においても、誠実でないその場しのぎの手軽なでっちあげは批判される。

　森銑三が、今から70年も前に「糊も鋏もあまり使はずに、あちこちの書物を壊して、それらを取合せて、大部な叢書が幾らでも作られたりしてゐる」［森・柴田 1944：

100　最近は、この種のコピペをインターネット空間を自動的に検索して、検出するソフトやサービスもあるのだという。

127] となげいたとき、批判していたのは書物を読みもせ
ず、ただ壊してならべかえただけの即席の情報商品の蔓延
である。適切で巧みな「ノリとハサミ」の使いこなしを、
この博学多識の書誌学者が、頭から否定していたとは思え
ない。その即席ならざる達成は、内容としてのテクスト
(「文」)を読むところからでなければはじまらない。

教養の土壌づくり

　であればこそ、あえて引用としての「切り貼り」を弁護
してみる作業も必要ではないか。その経験がはぐくみうる
可能性を構想しなおし、教養の回復や知の再生を選ぶ。
日々の実践に根をもたないかぎり、経験はすぐに立ち枯れ
てしまう。「インターネット」空間の検索力と複製力、す
なわち「ぐぐってコピペ」の便利が、あぶなげなく育つた
めには、〈書くこと〉が組織した力の歴史を、印刷以前の
時代にまでさかのぼり、微細に追体験する作業が必要とな
る。

　紙に印刷された本のメディアとしての役割は終わった、
と自信をもって語るひとも、今日では少なくない。「グー
テンベルクの銀河系」が生み出した知の蓄積と運動は、イ
ンターネットや電子ブックの別な宇宙へと飲み込まれてし
まうだろうと、その終焉のはじまりを高らかに予言し、あ
るいはパセティックに慨嘆する。そう論じてみたくなる気
分はよくわかる。

　しかし、やはりこの図式的な「終焉」の予言は、凡庸な

依存ともいうべき傾向に迎合した予測のご託宣であり、無責任な先物取引のように思う。

　たしかに、この20年間の電子メディアネットワークの拡大と、便利の組織化はめざましい。今後も着実に整備され、さまざまな領域に侵入していくだろう。しかし、その趨勢がそのまま、書物と書店と図書館と書庫の滅亡と無用化を意味するのか。世の中には「予言の自己成就」という現象もあって、こうなるのだとみんなが思って行動し、自分もまた頭から信じこんでしまったために、必然ではなかった結果が現実に招きよせられることがある。近視眼的な評価だけで早上がりの「終焉」を語ることが、書物からありえたかもしれない力と希望とを奪ってしまうのは望ましくない。

　「知」は、託宣や教えとして、あるいはできあがった製品として、ありがたくあたえられるものではなく、まさにそれぞれの悟りや納得を芽生えさせる土壌として、われわれの社会をささえるものにほかならないからだ。思想の領域でも、果実を豊かに実らせるためには、その土づくりにも挑まねばならない。

　土づくりは、試行錯誤が成果にむすびつく長い時間を必要とする。だからあとまわしにはできない。この時代を学生として暮らし、物書きとして自立し、文化を生み出し、知をささえていく主体は、かつての物書き階級すなわち知識人が直面しなかった課題と向かいあっている。膨大な資料の量の圧力、質の多様性と相対的な価値の低下、探索範

囲の拡大の背後で進んでいる奇妙な平板化、さらには公と私の領域を分け秩序をたもつ区分線の混乱など、壊れやすくもろい公共性構築をめぐる、さまざまな「苦境」が生まれつつある。そのように構造として突きつけられる課題を、土としての蓄積を耕すつもりもなく、知の果実を味わったこともない、無関心な技術者の論議にゆだねてはならない。

「切り貼り」の構築作業

　おっと、議論が檄に流れて、脇道に迷いこんだからもどる。

　問題は「コピペ」である。これがなぜ批判されるのか。その理屈の基本は、さきほども述べたように個性・独創性の重視である。

　コピペはけっきょくのところ、他人の力を借りただけで、「自力」でない。「オリジナリティ」という尺度から、不十分で欠陥があるばかりか、他人の独創性を剽窃した疑いがある。だから、根本において価値がない。この人間観も評価基準も、まさに近代社会の価値観である。

　近代教育もまた、同じように個性を重視し、個人の人格的な発展と「オリジナリティ」の形成とを等号でつなげた。そして「ナンバーワン」であるためにも、「オンリーワン」をめざせと理想化した。芸術や文学の作品創造という、近代になって制度化し市場化された分野では、いわゆる「作者」のオリジナリティがするどく理念化され、いさ

さか特権的といっていいほどに尊重されたのも、同じ根をもつ。

しかし個性や独創性は、ただ他とはちがう変わったことを言える能力ではない。そのようなモデルチェンジの競いあいは、80年代の広告文化研究のなかで、つまるところはいささか単純で平板な差異化のゲームでしかないことがあきらかとなった。

「切り貼り」の「貼る」の意味も、矮小化されている。作業の実際にそくしてみれば、そのまま貼りつけて終わらせるのは、未熟練の未消化である。貼りつけとして挿入すれば、他の部分を書きなおさなければならず、そこで引用しなかった他の同じような議論との関係や、議論の本筋との動きの調整などがはじまらざるをえない。「文」を切ることも貼ることも、ただ一度だけの決断ですむ作業ではない。「貼り交ぜ」をつくるのだから、編集デザインの力が必要だ。当然ながら素材の配置と、組み合わせと、全体構成が問われる。

たぶん「ぐぐってコピペ」を、そのまま全面的に肯定しないまでも、その経験の可能性を擁護するためには、編集力に注目すべきだろう。かつての切り貼りもまた、引用を織り交ぜ、新たなテクストを織り出す、具体的で技術的な実践でもあった。「糊と鋏で」とあえて道具の比喩で即物的に語ることは、それなりのひねりであり、謙遜ぶくみの冗談でもあったのだ。しかし学生をふくむ「物書き階級」の筆記具文房具の装備が変わっていくなかで、編集力に光

をあてた、このモノにことよせた表現のそれなりのおもしろさやリアリティから、味わうべき諧謔としての意味が見うしなわれていく。

「切る」という動詞もまた、「切りとる」だけの平板な連想から解放しておくほうがよい。模倣・収集・模写の行為の外形だけに含意を囲い込んでしまうのは、あまりにもったいない。

「切る」には、第5章で論じたアルチュセールが「認識論的切断」といい、イリッチが「プラグを抜く」という表現でクローズアップさせた変革力がある。文脈ともいうべき、意味の流れの支配力からの切り離しが包含されている。フッサールが古代の懐疑論者の教えから道具として蘇らせた「エポケー」という概念も、自然で当然だと思われている態度の遮断という意味で、方法的に「切る」ことであった。

そうだとすれば「切り貼り」作業に宿る編集力は、空気のように作用している自明性から「切る」力を経て、はじめて生産や構築や創造といってよいほどに生きる。貼り交ぜによって、別なつながりや新しい文脈が現れる。「切る」ことが、「つなぐ」ことと裏表であることがわかる。「切り貼り」と一括されているテクノロジーを「模倣」の安直に閉じ込めるのではなく、それこそ切り分け、切り離して、徹底して深めていけば、じつは同じ「糊と鋏」の実践であっても、それ自体が既存の知識の「脱構築」の作業でありうる。

「丸写し」が身体に刻む教養

　なるほど「切り貼り」も、そのように自覚的に「切る」ことと、吟味して「貼る」ことの総体としてとらえるならば、知の技法たりうることはわかった。だが、ここで批判しているのは、まさに安易な「丸写し」なのだということを忘れないでほしい、とあらためて詰め寄られるかもしれない。

　しかし、安易だとして退けられる「丸写し」ですら、テクストの意味や示唆や広がりをつかむ経験でありえたことを見落とすべきでない。じっさい、われわれが文字を学ぶプロセスを考えてみるならば、それは徹底した丸写しである。そして文字の集合体であり、ことばの一連なりである文章においても、丸写しはその力を経験するひとつの方法となりえた。

　たとえば思想家鶴見俊輔の年来の勉強法のひとつに、心に残った文章をノートに書き写すという文章修行があった。

　「私にはどういう文章を書けばいいかという規格品のイメージがありませんので、これはうまい文章だと思うものをノートに書き抜く。小さいときからつくってきたそういうノートが百冊以上になると思います。」[鶴見俊輔　1980：13]

声に出して読みたい日本語だけでなく、書いて味わう作法もまたあったのである。

　さきほど登場してもらった書誌学者森銑三のエッセイ「読んだ書物の思い出」［森・柴田 1944］をみると、この人も若松賤子訳の『小公子』に始まって国木田独歩、夏目漱石、斎藤緑雨から正岡子規、森鷗外まで、じつによく本を写している。印象深いのは、入院見舞いに来てくれた知人が、いろいろな本から愛読する文章を抄録し、毛筆で浄書し一冊にしたものを貸してくれたという下り。それが本の読みかたのひとつであり、味わいかたのひとつであった事実は、丸写しなんか無価値で無駄だという決断が、早上がりの決めつけの近視眼的なものであることを教えてくれる。

　書くという局面だけではない。声の丸写しもまた、ある意味で正当な教養習得の技術プロセスであった。たしか徳富蘇峰が長短さまざまな唐詩を暗記したのは、母がそれをくりかえし詠むひざの上であったというし、柳田国男の母は四書や三部経の類を耳で覚えていて、別な部屋で柳田少年が素読をしているのを手仕事のあいまに聞いて、その間違いをなおしてくれるのが常であったという［橋川文三 2002：80］。

　声としての教養は、そのような丸写しによって身体に刻みこまれる。身体は経験の場であると同時に、リテラシーという能力を実装するハードディスクである。現代のメディアが顕在させつつある問題の考察においても、模倣がも

たらす能力をあいまいで無自覚な通念だけで排除すべきではない。

ニセモノづくりの構想力

いうまでもなく今日において学ぶものたちの苦境は、「丸写し」のそのプロセスが、身体から切り離され、剝がされやすくなったことにある。声や文字を通じて身体に刻みこまれることなしに、コピー機とコンピュータの機械的複製力の内側で完結してしまう。だからこそ、インターネット時代において「切り貼り」はまさに安易になり、かつての力を失ったのだと論ずることもできる。

しかし、丸写し筆写の訓練を通じても悟れなかった読者がいれば、コピペの技術を楽々と使いこなしながら高い達成にたどりついた者もいるだろうから、技術決定論の一方的な分類と裁断とに身をまかせるわけにもいかない。

たしかに複製技術の発達は、独自の合理化をもちこんだ。写すことや声でなぞることが読むことや理解することと同伴隣接しえていた世界に、課題遂行の新しい速度をもたらすとともに、身体をそのプロセスからはじき出した。その結果、熟練ともいうべき知恵の蓄積と、自立した技術の醸成が生まれにくくなった。

すなわち身体に焦点をあててみると、読んで理解するという作業だけが、書き写すことや声に出すことやメモにまとめることから純粋に切り離されて孤立し、批評力に達しているかだけがリテラシーとして評価されるようになっ

た。滑走路を使わずに飛行機を離陸させるようなもので、むしろ批評力だけが浮遊しはじめたというにひとしい。

であればこそ、まことに便利になった機械的な複写移動貼り付けの結果を読みかえし、考えなおし、配置しなおし、まとめなおす、自覚的な実践があらためて要請される。「推敲」といってしまうのはあまりに古典的だが、書くことが読むことであり、新たな読みを生み出すことが書くことであるような生産の実践である。コピペという機械的で平板な表現が、引き受けていないのは、読者が無自覚なまま失ったそうした循環を、自覚的に補填する努力である。

いささか突飛な言いかただが、ポイントは「丸写し」の無自覚をのりこえる「ニセモノ」づくりの自覚的な努力かもしれない。ニセモノをつくるという複製力は、ある意味において、徹底した観察と、細部にまでわたる注意力、見えていない生産工程をなぞるほどの想像力にささえられてはじめて立ち上がる。じっさい物まねのうまい芸人が、それなりの応用力をもっているのも、偶然ではない。しかも物まね、すなわちニセモノづくりは、距離をもって突き放して対象を観察し、その成果の生産のプロセスにまで踏み込んで、批評的に再構成する自覚なしには、うまく成しとげられないのである。

いささか過激なものいいだが、論文を書くこともまた、目標とする論者のニセモノがつくれるほどの、読み書きの熟練が必要なのではないか。

文意をずらした引用のあやうさ

　逆に、論文のなかに作為的にコピペし、安直に引用することで粗雑なニセモノの主張、あるいは主張のニセモノがつくりあげられてしまう落とし穴にも気をつける必要がある。

　自分が論じたい論点を補強するために、もともとの文脈とは違う意味で引用してしまう。意図的になされるならもちろん不誠実として批判されるべきだが、不注意な見落としでまぎれこんでしまったとしても、引用者の読解力が問われることになりかねない。引用とは他者の文で考える実践なのだから、そのもともとの意図をことさら歪めるのは好ましくない。

　私自身が、これまで別な論文で指摘してきた、その引用のしかたがやや不適切ではないかと思う例を、2つだけ挙げておこう。

　ひとつは、生活史研究の方法にかんする、ある文章の引用［佐藤健二 2012：154-6］である。この論文で論者は、ライフヒストリーの聞き書きがいわば「無作為主義」ともいえるような、無方法のなりゆきまかせでしかないことを批判する。その文脈で、次の中野卓の『口述の生活史』の聞き取り現場の説明を「剣の達人は刀を抜かない」という「名人芸」の「奥義」伝授として引用する。

　「この面接の場合、私は初めの挨拶と初めの問いかけ以

外、いつも、ほとんど発言の必要がありませんでした。話は、問わず語りにひとりでどんどんと展開し、私はほとんど問いを重ねる必要もないほどでした。長時間に及んで、あとで彼女に疲れが出てはと心配して辞去しようとする私の発言が二度、三度、重ねて録音されるまで、もっぱら聴き手で、ときおり、自然と発してしまう共感の声があるだけと言っていいくらいでした。面接調査者としての、かまえた設問や、不自然な相槌の発言などは、する気にもならなかっただけでなく、必要もなかったのです。現場で私に必要だったのはテープの切れ目に気を付け、それをとりかえるくらいのことでした」[中野卓 1977：5]

この引用を根拠に構築された論は、次のようなものである。こうした方法語りは、生活史の聞き取りを「芸術的な、あるいは神秘的なもの」にしてしまいかねない。中野卓という主導者の言説ゆえに、こうした無作為が奥義として影響力をもってしまうのはこまる。だからだれにでも共有できる「データ収集過程の標準化（マニュアル化）」が必要だ、と。

しかし、この読解の「無作為主義」の強調は、その論者の主張自体がいささか恣意的な「切り取り」によって生まれている。

この引用の前後を、もともとの文章から補ってみよう。中野が論じようとしていたのは、無作為の賞揚ではなく、聞き書きの現場の対象化という別な方法論の可能性であっ

たことがわかる。

「録音テープが私自身をも同時に記録していてくれること同様に私にとって大切なことでした。もっとも【……上記の引用部分が挟まる……】しかしこれが、私という人間を相手としてお婆さんが話して下さったことだという事実は、科学的にこの話を分析するさいには考慮に入れなければならないでしょう。テープが私をも記録していることは、分析する際の私が、登場人物の一人である私をも分析の対象に入れるのに役立ちましょう」[中野 1977：5]

引用者が引用した部分は、直前の「もっとも」という留保、直後の「しかし」という逆接の接続詞ではさまれている。つまり、補足的な留保事例としての位置づけである。ここで、中野が提起したのは、テープレコーダーという聞き取りの現場そのものを記録してくれる機器の可能性である。それが被調査者だけでなく、調査者としての自分の言動をも記録していることの重要性である。なぜなら、その場における自分をも分析の対象にできるからという、それ自体がひとつの生活史の方法の主張である。

つまり、ここで中野が自ら説明している聞き取りの場は、その方法的意義に対し例外的に見えるかもしれないケースの補足に過ぎない。しかもそのような事例においても、対話であるという本質と、対話する自己を分析者が対象化しうる可能性は変わらないと説くことにある。引用者

は、ただ研究者としての中野が自分で聞き書きの場を記述しているからという便宜だけで、この部分を切り取ってしまったのだろうが、それを「無作為主義」の論拠としたあたりから、引用の意味は無視できないほどにずれはじめている。

もうひとつの例として挙げておくのは、私が専門のひとつとしている柳田国男の解釈［佐藤健二 2001：66-8］である。

引用者は社会思想史の分析のなかで、以下に表示した下線の部分だけを引用し、西洋近代の市民社会論の理念型から逸脱する、死者の「精霊」や未生の子孫を成員として数えいれる国家観を、アジア主義的で家族主義的な特異であると位置づけた。たしかに、下線部だけを切り取れば、国家の生命も、精霊の利害という観念も、神秘主義的なものにひびく。

しかし、ここでも前後の文章を補って読むと、論点がまったく異なっていることがわかる。

「いやしくも公のために利益を講ぜんとする者は、個人の希望注文の外に立って、別に一定の判断と見識とを具えておらねばならぬのであります。何となれば国民の二分の一プラス一人の説はすなわち多数説でありますけれども、われわれは他の二分の一マイナス一人の利益をも顧みぬというわけには行かぬのみならず、仮に万人が万人ながら同一希望をもちましても、<u>国家の生命は永遠でありますから</u>

は、あらかじめ未だ生まれて来ぬ数千万人の利益をも考え
ねばなりませぬ。いわんやわれわれはすでに土に帰したる
数千万人の同胞を持っておりまして、その精霊もまた国運
発展の事業の上に無限の利害の感を抱いているのでありま
す。ゆえにいやしくも一方の任を委ねられたる理事者は、
公平なる眼を以て十分誠実にこの農業経済の問題を研究
し、かつさらに他人を導かねばならぬのであります。」[柳
田 1997：256-7]

　すなわち、この文章の全体が論じているのは、いま生き
ている者たちだけの多数決主義の批判である。多数である
ことのみに根拠をおく意思決定を批判し、現存する者たち
だけのエゴイズムを制限し、公共性として次世代とも共有
しうるものを問題にするために、先祖の精霊やまだ存在し
ない子孫がもちだされていることはあきらかである。
　それゆえ、この下線部の引用から家族国家観の先駆とい
う結論をもし引き出すとすれば、その立論はあきらかな誤
読である。柳田自身が論じようとした点は、むしろ今日の
環境問題や資源問題へとつながる問題提起だからである。

「知のベタ貼り」で荒廃する空間
　北田暁大は、80年代のテレビ文化を論じて、そこでの批
評力は「ギョーカイ（業界）」的な知識に由来するものだ
ったと指摘している［北田 2005］。すでに当たり前なもの
になっていたテレビ番組演出の方法を、「お約束」として

顕わにすることを軸に、真面目なパロディとして番組をつくる。ホイチョイ・プロダクションが描いた「ギョーカイの裏を知るギョーカイ人」としての広告代理店の営業マンは、消費社会の慣習の奇妙さを観察し相対化さえしてくれた。

　別な角度からいえば、この業界的なるもの（それ自体がニセモノであるかどうかは問わないとして）とは、舞台裏において生産をささえる知識であり、実践であり、経験であることにおいて、舞台上のテレビ番組の従来のありかたを動かす支点たりうる場所であった。熟練へと向かう経験の累積のなかで、批評力というものさしが形づくられ、鍛えあげられる。そのものさしを自分の知を生産する道具として使いこなせるようになったとき、ひとはその主体を独り立ちの職人（マスター）として認めるのである。

　コピペの実践が、「切り貼り」の歴史的実践を脱構築しうるほどのパースペクティブをもたず、知の安易な切り抜きと安直なベタ貼りに低迷しているのは、その使い手の動機や判断力が、独り立ちの職人のものでないからである。課題として問いとして、他から与えられたものに対して、すぐに「役にたつ」かどうか。その直接性と近視眼性の範囲に、その選択や読解が閉じこめられているかぎり、人は熟練をあえて必要としない。

　もちろん、これは読者の問題である。

　「役に立つ」かどうかを、けっきょくのところ、ネタという即物性でしか評価できないまま条件反射的に集める。

そこには、けっきょく自分が欲しい情報だけしか残らない。なんとなく同じようなものが並んで、融合するとか発酵するとか、醸成されるというプロセスが生まれない。キーワードで集めるという淡白で薄い手法が、インターネットの情報空間それ自体の平板化ともたれあうようになると、おそらく退屈や鬱屈の水位がすぐにあがり、社会としてつくり上げていこうという心ある人びとがその空間を去って、空間それ自体が荒廃していく。しかし、そのようなインターネット空間の内部の変容を、知の崩壊と総括してしまうのは、やはりやや性急で単純である。

資料批判という日常感覚

　当然のことだけれども、電子化された情報世界は、印刷本の500年以上にわたる蓄積のすべてをおおっているわけではなく、書かれたものの広がりから見ても、ほんの一部に過ぎない。

　さらにいかに広大で果てしないかのように見えるインターネット空間も、社会というテクストの複合体と比較すれば、じっさいは代表性も信頼性も疑わしいデータの部分集合にすぎない。社会はそれ自体がひとつの記録でありテクストだが、そこでいう記録は、図書館や市役所の戸籍にばかり保存されているものではない。新聞や雑誌、ホームページはもちろん、実物を集めた博物館にも、集められていない個々の家のアルバムにも散らばっている。

　さらにはわれわれが使うことばにも、身体にも記憶とし

て刻みこまれていて、集めかたや読みかたしだいでは貴重なデータとなる。それらの全体を、記録媒体を異にするが異なる多様なテクストが、リレーショナルにからみあうテクスト・データベースとしてとらえ、これを活用するための知を教養として問題にするなら、知は崩壊どころか構築途上であり、まだきちんと動かす機能の設計すら共有されてはいないのである。

　検索サイトは、すこしつきあって使ってみればわかるように、さまざまなクセがあり、あるいは明示されていない偏りがあって、考えずに頼るわけにはいかない。全国の大学図書館等々の所蔵資料を検索できる Webcat Plus や CiNii など、じつに便利で有益だと思うが、ときどき論理的には説明できないような検索結果の漏れや矛盾にであうことも少なくなく、入力キーワードというレベルにおいてすら、幾通りかの調べかたを試みてみないとなかなか安心できない。

　そのようなバグは論じあわれていないだけで、経験としてはみなであっている小さな疑問だろう。生き延びるために必要なのは、資料批判の日常感覚である。日常を観察し経験を対象化することで立ち上がる資料批判の力というべきか。

　かつて図書館や本屋を使いこなすために身につけた、モノとしての書物をめぐる基礎知識から始めるのもいい。ローテクな書物人間である私には、想像がつかないから例もあげられないけれど、コンピュータや検索エンジンの設計

に親しめばこそわかる、みなが便利に使っている「ブラックボックス」に踏みこむ資料批判の知識もまたありそうに思う。知や教養の再生を根づかせるには、そうした方法の知恵を重ねあわせ、学びあえる回路が必要だ。

「ぐぐってコピペ」の安直な一時しのぎが見失っているのは、いま無自覚に頼っている情報に対して資料批判を立ち上げる用意と、いま判断を支配している問いを立てなおす余裕である。いま使っている技術・技法のなかにも必ずや見つけられるであろう、熟練に向かう持続力と楽しみは、その用意と余裕をもつ土壌において育つ。

他者の尊重と他者との闘争

やや大がかりな寄り道が長くなった。

最初の先輩研究者の指導にもどる。私ならば「引用をできるだけするな」ではなく、「引用をいかにねじふせられるか」がポイントだ、と説くだろう。

引用をなるべくせずに、自分のことばに要約せよという説法は、下手をすると他者のことばや理論枠組みを、勝手にねじ曲げてしまう危険性と隣りあわせである。それよりは、論点が明確にあらわれているテクストを選び出し、その文脈において正確に引用するほうがいい[101]。他者の論述を正しく紹介することであり、証拠を提示することでもありうるからだ。なによりも、他者がつくった概念や論理と直接に向かい合うことになる点で、ある意味ではひとつの対決である。

そのうえで、自分の文章の流れのなかに、その選ばれて切り取られた「引用」をいかに位置づけるか。肯定的に評価して賛同するにせよ、批判的にその過誤や不備を指摘するにせよ、その「引用」にいかなる役割を果たしてもらうかは、まさに筆者としての自分の主体性や力量が問われる課題である。「引用」に負けてしまうような説明の物語しかつくれないなら、自分のことばで書かれていないと批判されてもしかたがない。

　その意味で、「引用」は他者の尊重であると同時に、他者との闘争である。

101　引用の文献注記の整備は論文に不可欠の作業だが、後回しにされることが多く、最後に取り組んで意外に手がかかるのに直面してあわてるということも少なくない。余計なお世話に感じるひとがいるかもしれないが、読書メモ・発想メモの段階で、引用した文章には書名等の出典の略記だけでなく、ページ数を明記しておいたほうが効率がよい。

第14章

見えかたをデザインする
：表と図が生みだす思考空間

　表にすることや図に描くことを、論文を見やすく、読者
にわかりやすくすることだと思ってはならない。それは
「ことば」の存在理由を、伝達に限定するのとおなじ矮小
化である。そうした最終結果以外の、過程において生まれ
る多様なはたらきを見過ごしている。

　研究をすすめ論を立てていくなかで描かれつくられる図
表は、思考の動きをささえる技術としてある。そこでいう
思考の動きとは、新しい関係や全体の構造を把握すること
であり、概念への抽象化や事物への具体化であり、比較を
目でとらえ考えることである。

　表の作成や図示の工夫は、ほかのだれのためでもない。
自分自身の思考にはずみをつけるためであり、その全体の
動きをコントロールするためである。

　それは図表が、ことばやデータや関係に視覚的な位置を
あたえる技術だからである。その見えかたを操作し、変え
ることによって、新たな見かたが生みだされる。

図表14-1
石神集落の地図
[有賀 1967：
口絵第4図]

地図の視覚：位置や関係をあらわす工夫

　地図は、この図示の技法が日常的な経験で使いこなされている[102]、ひとつの事例だろう。論文でも、自分が対象としている地域がどういう場所なのか、そのイメージを伝える写真も効果的であるが、地図でその全体や位置関係を記すことも大切である。有賀喜左衛門の古典的なモノグラフでは、岩手県二戸郡荒沢村石神集落が、鉄道や道路などの交通や他村との関係においていかなるところに位置するのかを見わたして鳥瞰する地図と、集落としての地形や家や水田や墓地の生活空間の諸配置をえがく地図（図表14-1）の2つが載せられている。両方が、べつべつの理由から必要であることはいうまでもないだろう。

　とりわけ後者の生活空間の地図は、調査研究そのものを

──────────

102　もっとも、その実践的な知識の使いこなし自体にも、中村雄祐
[1994：17-28] が論じているような「謎」や「読み書きをめぐる権力」
の問題がある。それ自体が社会学的な分析対象である。

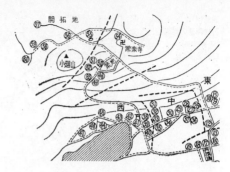

図表14-2
集落の基礎地図
[福武 1955：349]

組み立てるうえでも役に立つ。図表14-2は福武直「農村
調査の成功のために」が載せている準備段階で作成すべき
「社会的基礎地図」の例示[103]だが、調査すべき家の同定に
役立つだけでなく、「問題ごとに印を記入したり色分けし
たりすることによって、案外にいろいろな社会関係があき
らかになってくる」[福武 1955：348]と書く。ごく個人的
な体験だが60年ほど前に別の研究者が調査した集落を、最
近になってたずねたときに、かつての研究報告の論文に載
っていた集落のおおよそを描いた手製の地図は、村びとと
の対話を拡げてくれた。家の配置など基本的な集落のすが
たの記録として記憶を引き出し、火事で無くなった神社の
集会所などに話題がおよんでいったのがおもしろかった。
　すこし細かいことだが、注釈しないとわからない点にも

103　おそらくこの地図は、福武が『日本農村社会の構造分析』で分析し
ている「岡山県上道郡Ｕ村」の草ヶ部集落のものであろう［福武編
1954：283］。

触れておく。図表14-1と図表14-2の家屋にふられた数字は、いっけん同じような作業に思えるかもしれないが、じつは意味が大きく違う。

図表14-2は、準備調査段階で住宅地図などを参照し、村びとの協力をえながら作成したもので、数字も東から道にそって順番に番号が打たれている。調査対象に漏れがないよう、空間にそって個々の家屋が押さえられている。

これに対して、図表14-1の番号は、空間的な関係としては秩序だっておらず、なんだかバラバラにみえる。種明かしをすると、この番号づけは草分け本家である「大屋」に1番がふられていることにあきらかなように、じつは本家分家関係の系譜上の順序にもとづいて付けられている。いわばさまざまな分析作業の結果として生みだされた番号であって、機械的なものではないのである。

系図は、その意味では時間性の軸をいれた地図であるともいえよう。たとえば図表14-3は、有賀とともに同族研究の発展をになった喜多野清一 [1949] が、新潟県岩船郡金屋村長政集落（現・村上市長政）を調査し、そこに在住している家の出自系譜を分析して図示したものである。これが村の古文書から得た知識や、現地での聞き書きのひとつの整理でもあることを、見落としてはならないだろう。

動きの地図と思考の地図：行動を考える／考えをまとめる

地図にひとの動きを書きくわえることで、空間としての配置をただしめすだけでなく、そこに読みとれる意味を考

図表14-3　長政集落の在住家の家系表 [喜多野 1949：164]

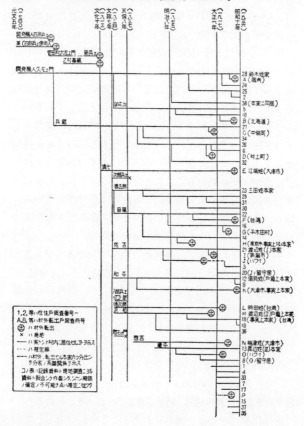

図表14-4　別家斎藤本治家 [有賀 1967：287]

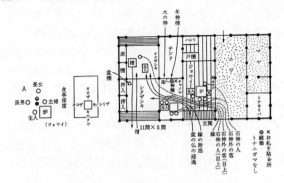

えるような工夫もある。図表14-4は、同じく有賀の石神調査からの事例だが、たんなる間取り図[104]にとどまらない情報がこめられている。同じ村の人びとや村外の客、結婚式のときの嫁入りの一行、葬式のときの僧侶や棺の動きを書き入れる[105]ことで、出入り口（玄関、ニワの通用口、シタザシキ）の意味のちがいや空間の意味づけを浮かびあがらせている。ジョウイ（常居）にある炉まわりの食事座席も、家族成員の地位を表現している。

　図にまとめることを発想の方法として使っていくのが、

104　スペースの関係で載せていないが、この別家斎藤本治家に比べて、総本家の大屋斎藤善助家の間取りは、その大きさそのものが格差を視覚的に雄弁に伝えている。

105　推定で確証はないが、有賀はこのような図示の技法を、あるいは石神をいっしょに調査した今和次郎の「考現学」から得たのではないだろうか。

地理学者・人類学者の川喜田二郎の KJ 法で、これも地図の使いこなしであろう。ブレーンストーミング（集団で自由にアイデアを出しあう）の結果をまとめる技法のひとつで、集団でのワークショップに向いているが、論文を書くプロセスにも活かせるだろう。技法の詳細は、『KJ 法』[川喜田 1986] などで学んでもらえればよいが、カードに摘記した情報（「ラベル」の作成）をならべかえ、線で囲って（「島」づくり）名づけたり、結びつけを図示（「関係線」での表示）したりしながら、発想を整理していく。その作成プロセスの概略を、概念的に図示したのが図表14-5である。

ならべ変えることの意義：アピアランスを変える

　表もまた、じつはひとつの論理の地図である。項目や数字が、線の格子のなかにただ素直に並んでいる[106]だけではない。

　図表14-6に模式してあるように、表に配置された「こ

106　今日の社会学では、表をつくるとき、あたりまえのように算用数字を使い、文字も表組みも基本的にはヨコ書きにするだろう。しかしわが国の最初の国家的な統計年鑑である『辛未政表』[1872] の表は、すべてタテ書きの漢数字、「十」や「百」がはさまっていて、いささか読みにくい。昭和になっても、表をタテ書きにした論文が少なくなかった。この現象には本文との関係も作用している。日本の人文書の多くはタテ書きを原則としたため、本文のなかに配置された表もタテ書きにされる傾向があった。もちろん、表中の漢数字表記には百や十の補字は用いず、千の代わりに点を打った。

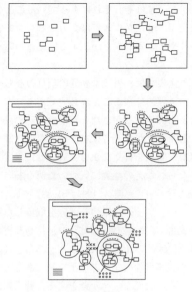

図表14-5
KJ法における
「探検ネット」の
作成プロセス
[川喜田 1986
：257]

図表14-6　表の論理

	C1	C2	C3	C4	C5
R1		↑			
R2					
R3	←			X	
R4	←---	Y			

とば」や「値」は、2つの論理軸から位置づけられる意味
をあわせもつ。すなわち行（row）としての並びを意味づ
けている表側（R1, R2, …）と、列（column）としての並び
を意味づけている表頭（C1, C2, …）の2つの論理軸上での

位置を、Ｘ・Ｙはそれぞれにもっていることをあらわす。２軸を交差させたクロス表は、もっともシンプルでもっともわかりやすい表形式だが、すでに記述というよりは分析へと踏みこんでいる。

　それゆえ表では、表頭や表側の項目のならべかたを、自覚的かつ論理的に選ぶことが必要である。本文で組み立てる論旨とも関連するが、なんらかの意味の秩序[107]に基づいて作成したことが、読者にも伝わらなければならない。

　私自身が論文を書くなかで、表の行に位置づけられるデータのならべかえの意義に気づいた例も多い。考現学の銀座調査の分析［佐藤健二　1994：81-88］や、『社会調査史のリテラシー』にその成果の一部分を収録した東京市社会局調査の発掘［佐藤健二編　1992］や、月島調査の諸調査実践の整理［佐藤健二　2012：372］などがある。ここでは関東大震災下の殺傷事件の記録の加工を例にあげておこう。もともとの資料の表のならべかたを変え、時系列になおすことで、流言の流布にかかわる重要な事実の発見につながった一例である。

　この資料は、東京地域の各警察署が1923年９月１日から５日までのあいだに、自分たちの管内で逮捕したり事件送致したりした、殺人・傷害・強盗などの事案70件あまりをまとめて表にしたものである。原表は、おそらく報告を寄せたそれぞれの警察署ごとにならべる[108]かたちを、無意識

107　量・率の多さ少なさ、カテゴリーの相互関係、時間的順序、地理的順序など多様に考えられる。

図表14-7 「災害時下殺傷事犯調査表」（部分／冒頭のみ）［警視庁 1925：591-2］

署名・町	犯罪日時	場所	罪名	事実概要	検挙人員	被害人員	届出来由
亀戸町	九月二日正月午頃	上ノ一区六丁目出張所上	殺人	不逞鮮人ナリトノ流言ヲ信シ日本刀ヲ以テ殺害	三	一	於十一月四日数日
同	正月三日午後九時頃	本所南葛飾郡内需給場	殺人	鮮人ト誤信シ日本刀ヲ以テ殺害	二	二	令九月十五日行
三日	正月九日午後九時頃	七光園ノ出入附近	殺人	害ヲ加ヘントシタル鮮人ヲ殺害	二	一	令九月十二日行
同	正月四日午後九時頃	東京市内地荷置場河岸	殺人	不逞鮮人ト誤信シ日本刀ニテ殺害	二	一	令九月十二日行
関	九月頃午後九時頃	芝区三河小山町小山橋河中	殺人及傷害	スルニ日本刀ヲ以テ殺害	二	一	正十月二十日
同	九月十三日午頃	町小山橋河中	殺人及被殺	被害者ヲ鮮人ト思惟シ殺害	六	一	於十月二十日数日
鳥居坂	九月一四日午頃	芝区三河小山町小山橋河中	殺	本刀ニテ自来死傷		一	令十月二十一日数日
四	九月九日午頃	町小山町中	傷害	刀ニテ殺害シ得ントシ負傷セシメ	二	一	令十月十三日行
駒込	九月頃午後九時頃	町本郷込往者	殺人未遂	信用鮮人ヲ誤信シ殺傷	四	一	於九月二十七日行
坂本	九月頃午後十二時頃	一丁谷五丁目輪上町	殺人	以テ殺傷ヲ加ヘ鮮人ヲ殺害	六	一	於十一月四日数日

のうちにも選んだものだ。その冒頭部分のみを図表14-7にあげておこう。しかしながら、このならべかたのままでは読み取れることは少ない。

　これを図表14-8のように、発生の日にち、時間ごとにならべかえてみる[109]。すると、過去の社会の時間の流れにすこし近づき、データの別な見えかたが生まれる。2日の朝9時頃に王子署管内で起きた尾久町の土工の親分を中心

108　警察署のならべかたには、内部での序列などの配慮があったのかもしれない。

図表14-8 「災害時下殺傷事犯調査表」（部分／冒頭のみ）ならべかえバージョン

所轄署	日	時刻	場所	罪名	事実概要	検挙人数	被害人数	処理顛末	原順番	時間順
王子	9月2日	09時	西新井村本木河出川金次郎方外十戸及上尾久	殺人強盗窃盗詐欺	金品掠奪及窃害飲食及窃盗を為す	7	19	10月5日送致	034	001
千住	9月2日	12時	南足立郡花畑村千一近傍附近	殺人未遂	日本刀及棍棒を以て全治二ヶ月を要する重傷を加ふ	2	1	9月7日送致	043	002
寺島	9月2日	17時	吾嬬町	傷害	通行中の被害者を推何し日本刀にて傷害す	1	1	10月13日令状執行	054	003
大崎	9月2日	17時頃	大崎町両名星製薬会社付近	殺人未遂	不逞鮮人と誤信し棍棒玄能鎹口等を以て殴打傷害す	5	4	10月12日令状執行	020	004
大崎	9月2日	17時頃	府下平塚村下蛇窪六九一先路上	殺人未遂	不逞鮮人と誤信し棍棒等を以て殴打傷害す	5	1	10月16日令状執行	022	005
大森	9月2日	17時頃	府下池上村路上	傷害	不逞鮮人と誤信し棍棒を以て傷害す	5	3	送致	024	006
世田谷	9月2日	17時頃	世田谷町太子堂電車軌道内	殺人	猟銃を以て射殺す	1	1	10月19日令状執行	025	007
品川	9月2日	17時30分	品川町南品川三先路上	傷害致死	鮮人と誤信し傷害死に致す	21	1	10月9日令状執行	015	008
大崎	9月2日	17時30分	府下平塚村下蛇窪三三六先路上	傷害	不逞鮮人と誤信し木剣棍棒等を以て殴打傷害	6	2	10月16日令状執行	019	009
品川	9月2日	18時	被害者主家裏通	殺人未遂	不逞鮮人と誤信し棍棒等を以て乱打傷害す	4	1	10月14日不起訴	017	010
大崎	9月2日	18時	府下平塚村二八八先路上	殺人未遂	不逞鮮人と誤信し鎹口鋤等を以て重傷を負は	6	1	10月16日令状執行	018	011
大崎	9月2日	18時頃	府下平塚村戸越八四二先路上	傷害	不逞鮮人と誤信し銃剣等にて傷害す	2	1	10月22日令状執行	021	012
大森	9月2日	18時頃	府下池上村路上	傷害	不逞鮮人と誤信し棍棒を以て傷害す		8	送致	023	013
府中	9月2日	20時	千歳村烏山	殺人並傷害	鎹口、日本刀、竹槍、棍棒を以て殴打し一名を殺害す	15	17	10月7日より11月25日までに令状執行	075	014
寺島	9月2日	20時	荒川放水路四木橋際	殺人	鉄棒にて撲殺す	1	1	10月10日令状執行	057	015
亀戸	9月2日	20時	府下吾妻町亀戸鉄道ガード際	傷害	樫棒にて臂部を傷害す	1	1	10月5日不起訴	065	016
亀戸	9月2日	20時	吾嬬町小村井一、一五七先	傷害	竹槍にて殴打死に至らしむ	4	2	10月28日令状執行	073	017
品川	9月2日	20時30分	大井町一、二八五先路上	殺人	不逞鮮人と誤信し日本刀を以て殺害す	1	1	10月13日令状執行	016	018
水上	9月2日	21時	府下小松川町下平井平井橋上河畔	殺人	被害者が貴殷船に依り避難し来れるを鮮人と誤信し帆立棒等を以て撲殺す	5	11	月5日送致	013	019
亀戸	9月2日	22時	吾嬬町葛西川六一七先	殺人	不逞鮮人なりと誤信し鉄棒にて殴打、即死せしむ	1	1	10月7日令状執行	067	020
亀戸	9月2日	22時	吾嬬町亀戸二七六先	殺人	殺害す	4	1	10月5日令状執行	069	021

に20名の集団が、農家から食料品を強奪し、配給所を襲撃して殺人まで起こした暴動事件［警視庁 1925：1300］が最初にくる。さらに12時に南足立郡花畑村で、17時にはその近くの吾嬬町で日本刀での傷害事件が起こっていることが伝えられる。17時頃になると、こんどは東京の南西部の大森・品川・大崎の付近で、自警団の傷害事件が短時間のうちに続いていることがわかる。

　もちろん、これらの事件群に直接的な連鎖や伝播の関連を措定するのは、強い仮定にすぎる。しかし殺人をふくむ傷害事件へのエスカレーションの分布は、他方で流言という情報の異常増殖現象の拡大や遷移の大状況を暗示するだろう。

　この図表14-8 は、もともとの図表14-7 を、エクセルのような表作成ソフトに写して、ソートしてならべかえた。表頭の右端２つの欄は、その過程であらたに加えた。「原順番」は原表での記載順序、「時間順」は時系列にならべ変えてからつけた番号である。表ソフトのならべ替え機能を使えばよいと思うかもしれないが、さまざまな原因からうまく再現できないこともある。このように別な変数をつくっておけば、いつでも元に戻して確認できる。小さな工夫である。

109　なぜこうした時刻におよぶならべかえができるのかというと、警察署の記録とりわけ起訴の資料となる調書において、事件の発生日時を明確に記さなければならないからである。それらをもとに調査され報告された表ゆえに、そうした情報が組織的に記載されることになった。

図表14-9
[佐藤 2009b：66]

図表14-10
[同前：67]

日時	2日		3日			4日			5日			計
	05-	17-	00-	05-	17-	00-	05-	17-	00-	05-	17-	
発生件数	2	22	6	15	14	3	7	3	0	1	1	74
	24		35			＞13			2			
夜間		28			17			3			1	49
昼間	2			15			7			1		25

　この図表14-8をもとに、2つの図表を作成した。ひとつは、イメージ的なもので、流言の空間的な展開は、東京の東北と西南という2つの基点をもつものであったのではないかという図（図表14-9）である。表ではわかりにくい地理的な位置関係がわかる。

　もうひとつは、犯行時刻記載の細かさを利用して、昼間と夜間とのどちらで事件が起こりやすかったのかにかんする集計（図表14-10）である。結果は、やはり夜間のほうが2倍近くとなった。どこかで燃えている火事の明るさが夜空にのこりつつ、暗い道を多くの未知の人びとが通り過ぎる、不安な夜間は自警団の殺傷事件への暴走が起こりやすかったのである。

図と表の視覚の論理：線の表象／位置の意味

　ことばの理解や文の解釈において、意味や論理のつながりが大切なように、図にも視覚の論理がある。とりわけ、囲みかた・くくりかたや、線でのつなげかたや配置の意味などが重要だろう。それらのさまざまな技法を組織的に説くのに、私自身は適任でないし、この小さな一冊にまとめきれるものでもないだろう。参考になるユニークな著作として、『図の体系：図的思考とその表現』［出原・吉田・渥美 1986］を推薦しておく。

　『図の体系』で著者たちは、さまざまな考察をくりひろげているが、図形の「指示機能」と「配置」との２つで、その基本的な力をとらえようとしているシンプルさは、手づくりで図を書こうとするわれわれにも示唆的だろう。図表14-11は、それをかんたんに整理したものである。われわれが使いなれている、いわゆる表は規則的にならべた領域図形として意味をもつことがわかる。

　この後者の「配置」の論点を座標軸として固定し、二次元の空間としての表現を洗練させたのが、グラフである。グラフはとりわけ数量的な関係を見とおす力をひとにあたえる。図表14-12はそうしたグラフの自覚的な使いかたを選ぶうえで、役立つだろう。

プレゼンテーションソフトの便利

　私自身は、「図を書こうにも描く手をもたぬ」不器用だが、最近のコンピュータに標準的なものとして装備されて

図表14-11
[出原・吉田・渥美 1986：73]

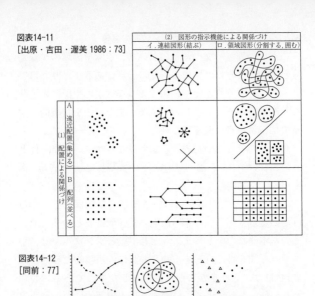

図表14-12
[同前：77]

A ＋連結図形　　B ＋領域図形　　C ＋要素の図形表現

　いるプレゼンテーションソフトは、デッサン力がまったく
ない私が図を組み立てるのにも力を貸してくれる。本格的
なグラフィックデザインのソフトでなくとも、丸や四角や
矢印の決まり切った図形の組みあわせだけで、なんとか論
理のことばが張りついた、図らしいかたちのものを描かせ
てくれる。とりわけ、図形の大きさを数値で正確にそろえ
たり、整列や均等配列の機能を使いこなして、きちんとま
とめられるのは手書きにない便利である。
　とぼしい経験からアドバイスできることは少ないのだ

が、まず第1に空間を構成している2次元の軸の方向性の意味を明確に意識すること、第2に線の種類（実線や破線等々）や図形の重なりあいをうまく使いこなすこと、第3にあまり要素を盛りこみすぎないよう欲ばらずに複数の図表にわけること、第4に地塗りや白抜き文字などを効果的に使って線だけにたよらない、そして第5になんといっても図のなかに配置することばが重要な役割を果たすことを忘れないことなどを挙げておこう。

これも2つばかり、自分の論文から、あるていど工夫して描きこんだ例を挙げておく。

1つは、『ケータイ化する日本語』の前半部分における、声の身体性と社会性とを説明する図である。

身体の振動である声としてのことばがなぜ他者に通じ、社会的に共有される意味を立ちあげるのかという「謎」を図解したものである。ポイントは、意味の共有のまえに声という現象の共有があり、身体の振動が空気をも振動させ相手の耳と自分の耳とを振動させる。発話行為（パロール）をつうじての、この空間の共有としての状況の共有が、言語（ラング）を成立させ、「伝わる」「通じる」という理解を現象させるというメカニズムを図示してみた（図表14-13）。

もう1つは、出版文化の流通論的なとらえかたを革新し、社会的なテクスト空間論として編成しなおすべきであるという主張の論文での図示である。

批判的再検討の対象としたのは、出版流通の分析でしば

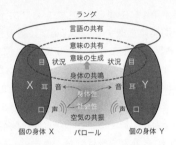

図表14-13 声による
言語の構成の模式図
[佐藤 2012：36]

しば描かれる、出版社（生産）／取次その他（流通）／読者（消費）の直線的な図示である。その一例として、メディア論のテクストに掲載されている概念図（図表14-14）を挙げておく。これはこれで、実証的な現代社会分析の枠組みになっていると思う[110]が、その図をささえている生産／流通／消費の一方向性と固定化が、流通のとらえかたを貧しくしている。そのことが新しい図にこめた批判の焦点である。と同時に、私が第12章で論じたような、読者と著者の循環のような主体再生産のメカニズムは、従来の図示の流れの直線性からは見えなくなってしまう。図表14-14では出版社よりも左にいる著者が、右端の読者とはつながらないからである。またストックとしての蔵書や図書館や小

110　この図は『出版メディア入門』［川井良介編 2006：141］から採った。これ以外に村上信明［1998：5］の「出版物流通チャート」はたんねんに現代日本社会での流通を調べた労作だと思うし、蔡星慧［2006：148］でもよく整理された図がつくられている。しかし、いずれも「流通」の位置づけが直線的で一方向的である点が、私のここでの批判点である。

図表14-14　出版物の流通の概念図［川井編 2006：141］

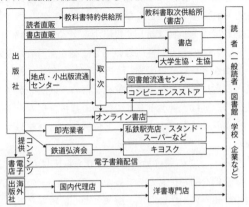

図表14-15
テクスト空間の模式図
［佐藤 2009a：164］

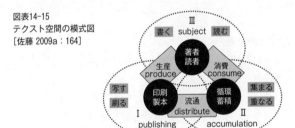

売商の書棚の存在がうすれて、フローとしての流通ばかりが論じられてしまうことになる。

　であればこそ、私は新しく提出する図（図表14-15）の基本を、流れ図の一方向性においてではなく、円環の表象においてつなぎあわせ再編成しようとした。そこにおいて、著者と読者は主体として同じ位相を占め、取次等がかかわる狭義の流通は、社会としての書物の蓄積を生みだす循環というより大きな概念の一部へと位置づけられなおすことになる。

　もちろん、この図は論文を読んでもらえばわかるように、最終的な問題提起として書かれている。その意味では結論の枠組みの図示として、論文とともに組み立てられたのである。

写真の説明と読みくだし

　最後に写真という図示についても、常識として踏まえるべき注意をつけくわえておこう。

　写真はたしかに現実をリアルに撮すように思えるが、そこに写っている事物をことばで特定しないと、その意味は伝わらない。それゆえ説明としてのキャプションは大事である。どこの、なにが写されているのかを、簡潔に説明する必要がある。

　いつ撮影したものなのかの情報も、きちんと記録しておかないとあやふやになる。最近は位置情報や時間を自動的に記録するカメラもあるようだが、機械に頼りきらずにフ

図表14-16　大屋斎藤家ニワ［有賀 1967：口絵写真 8 ］

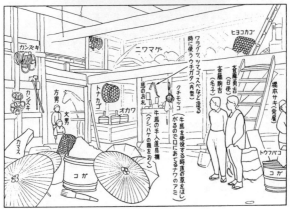

ィールドノートに対応させていく整理も、論文を書くプロセスで必要になるだろう。

　図と組み合わせ、ことばも同時に表示するような工夫を、有賀喜左衛門がおこなっている（図表14-16）。たいへんユニークだが、空間のリアリティを読みくだす実践として、注目してよい。おそらく今和次郎の考現学の試みに刺激を受けたものではないかと考えるが、積極的に発展させてよい技法のように思う。写真もまた、解読のしかたをふくめて提示すべきテクストだからである。

第15章　研究倫理の問題
：他者を尊重し自らに誠実に

　近年、文系理系を問わず、あらゆる学問分野において研究倫理が重視されるようになってきた。

　研究での不正行為だけでない。学問と社会との接触面が広い社会学研究においては、他者に敬意を払い誠実に対応しなければならない局面も多く、明確な研究倫理の意識化が求められている。

　あらためて社会学の研究において保たれなければならない「研究倫理」について考えることは、論文の書きかたの自覚とも無縁ではない。

社会学における望ましい研究

　社会学において望ましい研究の条件を、網羅的に列挙するのはむずかしいが、一般的には、

　①これまでの蓄積を踏まえていること、

　②独創的であること、

　③説得力があること、

　④公正であること、

という4つの観点から、その輪郭を描き出すことができ

る。そして、その望ましさの理念との関係において浮かび
あがる「不正」こそ、研究倫理が論じられる領域である。

　学問は、多くの人びとがつくりあげてきた知の蓄積であ
る。それゆえ、研究の意義はすでになにがどこまであきら
かにされているか、これまでどのように論じられてきた
か、という研究の累積のなかではじめて、その独創性が明
確にされ、評価される。その知見や解釈がこれまでの蓄積
に照らして、いかに新しい貢献であり、独創的なものであ
るか。それぞれの論文は自ら論拠をあげ資料やデータを示
すことを通じて、その独創性を論証しなければならない。
その論証の説得力が、公正な研究者集団の批判的な検討に
耐えられるものであるとき、その研究はよい研究であると
評価される。

　反対に、研究上の不正として指摘される「剽窃 plagia-
rism」「改竄 falsification」「捏造 forgery」は、このような
学知の生産の過程における不誠実な偽りであり、不正行為
である。

　他人の文章やアイデアやデータを、他人の研究成果であ
ると示さず、あたかも自分のものであるかのようにして主
張を組み立てるのが、剽窃（盗用）である。それは、先行
する研究者たちの成果の相互蓄積の承認のうえに、新たな
独創性を加えてきたという学知の発展の手続きを偽るもの
であり、論拠や出典を明示しないことによって他者の検証
を妨げる点で、不公正な行為となる。データや文章を都合
のよいように変えてしまう改竄も、存在しない事実やデー

タを作りあげてしまう捏造も、非難されるべき不正行為であり、研究者集団への信頼そのものを打ち壊してしまいかねない。

　見つかりさえしなければいいだろうという安易で無自覚な態度は、研究者として失格である。

論文作成における倫理

　いまここで問題にしようとしている「研究倫理」は、宙に浮いた道徳理念でも、罪をまぬかれる法の精神のお説教でもない。じつは資料を読む、論文を書く、調査をするといった具体的な研究実践[111]のなかで問われる倫理である。その意味で、社会学研究の日常的な実践のなかで、自らによって点検されるものである。

　論文を書くことを例にあげて、具体的に考えてみよう。

　自らの研究成果を論文としてまとめ、公表することは、社会学の学知の累積的な発展にとって不可欠の実践である。すでに論じているように論文の執筆は公表を前提としており、刊行は文字通り「公共化すること publication」を意味する。印刷媒体での刊行だけでなく、Web ネットワーク上での公開など、公開の具体的な手段は増えたが、

111　さらに社会学の研究は、研究助成金や委託研究などの外部資金を活用しておこなわれる場合も少なくない。研究の独立性や公正性を損ねるような資金の利用は望ましくない。それゆえ資金のあつかいにおいては、支出の適正さや透明性の確保が求められている。この点でも、研究における不正が指摘されないよう、その資金の管理や使用を適正におこなう必要がある。

基本とすべき考えかたは同じである。

　以下のような点に配慮する必要がある。

　第1には、他者の研究の尊重である。先行する研究成果や他者が作成した資料やデータに敬意を払い、適切な形で引用することは、論文執筆の基本的な作法であり、守るべき倫理である。他の研究者の成果や、他者が展開した議論や記述を、出典をあきらかにせずに引き写していないかどうか。不適切な引き写しは、剽窃・盗用となる。

　第2に、引用としての利用も適切におこなう。著作権法第32条は、「公表された著作物は、引用して利用することができる」としている。その場合における引用とは「公正な慣行に合致する」ものであって、「目的上正当な範囲内で行われるもの」でなければならない。すなわち、それは引用が論文を構築するうえで不可欠であり、また必要最低限の量に止められていることを意味する。

　第3に、引用表示の形式を整え、引用であることを明示することが大切になる。社会学における引用の表示が、すべて形式として統一されているわけではない。引用フレーズは「　」で括って明確に区別するのが基本であるが、まとまった文章の引用を前後の1行を空けて1字下げや2字下げで区別するなど、具体的な表記様式は多様である。出典表示も、脚注等で個別に言及する形式もあれば、文献リストと組み合わせて文中に略記するやりかたもあって、必ずしも一義的に規定されていない。学問分野によっては、ページ数まで明記しない流儀もある。

しかしながら、押さえるべき原則は共有されている。他者の研究に敬意を払って、その貢献を明記し、適切にあつかうことを原則とする。具体的には、①引用文と自分の表現や文章が明確に区別できるよう表示すること、②原則として引用文は原文のままを引用すること、③それぞれの引用について著作者名や論文名、引用ページなどの出典を明記し、他の人が引用元の原典を検証できるようにすることなどである。

　最近はインターネット上からいとも簡単にさまざまな情報を取得することができるようになった。そこでも基本的な考えかたは同じである。だれが発信した情報であるかを特定化し、明記する必要がでてくる。つまり原則として、著作主体名、資料題名、サイト名、年号、アップデート日、URL、引用者が資料にアクセスした日を明記しなければならない。

　第4に、著作権への配慮も忘れるべきでない。他人が作成した図表や、写真、絵画、歌詞、図表現などの利用は、他者が著作権をもつ著作物の「使用」となる場合がある。そうした場合は、出典を明記すれば引用としてあつかえる公刊物の利用としてではなく、発行元や著作権者に連絡し、その権利を侵すことがないよう、使用の承諾を受けなければならない。

　第5に、研究会等での示唆・教示についても、他者を尊重することが望ましい。公開・公表されている論考等からの引用とは別に、研究会や議論の場での他者のコメントな

どから示唆を受けた場合など、ことわりなく自分のアイデアであるかのように書くことは不誠実である。とりわけ論文にとって有益な示唆であった場合には、その人の貢献について註などで明記することも、大切な礼儀であろう。

第6に、直接参照の倫理も、人文学・社会学の研究において軽視してはならない態度となる。引用における敬意と誠実のなかには、自分で参照していない文献や原書を、まるで参考にしたかのように註や文献目録に挙げたり、ばくぜんと言及したりすることの不適切さもふくまれる。たとえば、ある文献について、ドイツ語の原書を日本語で翻訳した本を読んだ場合、ドイツ語の原著だけを提示するのは適切ではない。あくまで参照したのは日本語の翻訳本であったのであれば、そのように提示しなければならない。いわゆる「孫引き」は避け、自分が取り組んでいる問題に関して1次性を有するテクストや資料やデータをじっさいに手にとって直接に、確かめる態度が必要である。

調査研究における倫理

観察に基づく実証という方法を軸に発展してきた社会学の研究にとって、社会調査はたいへんに重要なデータ収集の方法である。広い意味での調査には、文献資料調査や実験などもふくまれるが、調査研究の倫理という点での基本的な考えかたは共通している。ここでは「面接調査 hearing」や「質問紙調査 questionnaire survey」、「参与観察 participant observation」などを中心に考えてみよう。

社会調査の特徴は、なんといっても具体的な他者と出会うということにある。しかもこの他者は、研究の対象でもある。それゆえ、ややもすると研究のために勝手に利用してよい手段と位置づけられてしまう危うさがある。

　また参与観察のように、対象となる人びととの間に濃密な社会関係が形成される場合もある。まさにその関係の濃密さゆえに知り得た情報のあつかいをめぐって、研究倫理に関わる問題が生じることがある。

　あくまで対象者は他者であって、研究とは別の独立した社会生活を送っている。協力者ではあるが共同研究者ではない。そのこともまた、研究の独立性という点で重要である。そして調査研究倫理の基本もまた、調査対象者を単なる手段としてのみあつかってはならず、対等な人間としてその人格を尊重し、社会通念上の礼儀やルールに従うことにある。

　ここでの対象者は、調査に協力してくれるかけがえのない一人の個人である。そのことは肝に銘じなければならない。対象者の協力を軽んじることは、ハラスメントに通じる。いかなる場合でも、対象者を一人の個人として尊重することは、研究生活においてアカデミック・ハラスメントやセクシュアル・ハラスメントが禁止されているのと同じ意味において、きわめて重要となる。

　社会調査の実践において、留意すべき一般的な倫理指針として、以下のようなことが挙げられる。

　第1に重視すべきは、対象者の人格の尊重である。聞き

取りや面接調査において、対象者を見下したり、調査の単なる手段とみなしてはならない。ましてや蔑視したり、誹謗して人格を傷つけたり、嫌がらせをおこなうなどは言語道断である。調査票の質問にも、対象者を非難したり、貶めたりするような文言がふくまれていないかどうか、慎重にチェックすることも大切だろう。

　ただし、このことは対象者が聞かれることを嫌うような質問を一切してはならないということを意味するものではない。社会調査においては、学歴、職業、年収、あるいは家族関係など、まさにプライバシーの核心に関わって、多くの人が知られたくないと思うような事柄について尋ねなければならないことも少なくない。こうした質問は、むしろ率直に正々堂々と聞くことが望ましい。しかしながら、次の2点をじゅうぶんに踏まえておかねばならない。ひとつには、そうした質問が、単なる興味関心からのものではなく、この研究の目的にとって必要不可欠なものであり、かつ、研究そのものが明確な学術的な意義を有しているということである。もうひとつは、質問のしかたにおいて、対象者に強制したり、恥ずかしく思わせたり、憤りを感じさせたりしないよう、できるかぎりの配慮を加えることである。

　第2に、調査対象者への説明と同意も大切である。調査や実験の対象者には、原則として、調査や実験の目的、収集したデータの利用のしかた、そして結果の公表のしかたなどを、あらかじめ知らせて了解を得る。協力を得られや

すいようにと、調査目的や方法についてウソをついてはならない。対象者にはつねに協力を拒否する権利がある。調査を断られたからといって怒ったり、あからさまに不快な表情を示したりするのも、心得違いである。

ただし、この事前の調査目的の説明と同意の原則からの逸脱がやむを得ないと認められている場合もある。1つは、街頭観察のように、いちいち対象者の了解を取ることが難しい場合、あるいは、むしろ対象者に知られないで観察することに重要な研究上の意義がある場合である。もう1つは、社会心理学的な研究において、対象者に研究の目的を偽って実験や調査に参加してもらう虚偽実験・虚偽調査が、その主題を研究する上で重要な手段となっている場合である。こうした「秘匿調査」が倫理上きわめて微妙な問題をはらんでいることも事実である。秘匿調査だからといってなんでも許されるということではない。とくに虚偽実験の場合、対象者が「だまされた」ことを知って怒ることもある。この点、最大限の配慮が求められている。

第3に、個人情報の保護もまた、調査倫理に不可欠の論点であろう。社会調査とは、多くの場合、個人情報の収集そのものである。研究では、この個人情報をさまざまに分析・活用して、最終的に論文などのかたちで発表する。このプロセスのなかで、個人情報をいかに適切に取りあつかうかは、調査研究への一般的な信頼にとってきわめて重要な問題である。管理がいい加減であったために個人情報が外部へ流出したり、研究目的以外のために使われたりして

はならないことはいうまでもない。しかしながらそれだけ
ではなく、収集した個人情報を研究者仲間でみだりに話題
にしたり、ぞんざいにあつかったりすることも、避けなけ
ればならない。

　研究成果の発表においても、対象者の匿名性を守らなけ
ればならないことはもちろんだが、個人情報がいいかげん
にあつかわれているという誤解が生じないようにも気をつ
けなければならない。

他者の尊重と研究の自由の公共性

　望ましい研究とはなにかという最初の問いかけにもどっ
て、研究倫理を考えてみることは大切だろう。

　学問は公共性をもつ知の蓄積であり、研究とは、その学
知の蓄積に新たな知識や見解をつけくわえる創造のいとな
みである。それゆえ、この蓄積と創造の行為そのものが、
公共性のルールに則っておこなわれることが大切になる。
他者の研究成果に敬意を払い、引用等その知見に負う部分
については適正に表示すること、自分の立論のもととなる
根拠やデータを明示して誠実に説明責任を果たすこと、そ
して調査においても他者を尊重すること等が基本となる。

　であればこそ、研究倫理はけっして煩瑣で抑制的な禁止
規範の束ではない。むしろ他者が努力した達成を尊重し、
他者のもつさまざまな権利を侵さずに、自らの独創性を説
得的かつ自由に表現する。その自由のために、踏まえなけ
ればならない基本ルールである。

第16章 **編集者として見なおす**
：書きなおす読者として

　さて、論文を執筆する著者は、読みなおす編集者であり
書きなおす読者である。

　自分の主張であり思考の結果である文に対して、最初の
読者として読み、書きなおす権利をいやおうなしにもつ。
だから、われわれは論文の著者であると同時に、批評者で
もある。主張に共鳴するとともに、結構を批判する読者で
あり、わかりやすさを審査し、文の全体をデザインする編
集者としてかかわらざるをえない。

　論文はひとつの「作品」であるが、詩や小説の文学作品
の評価とは違って、論理の秩序だった積み上げかたが、と
りわけて評価の争点になる。

　「積み上げ」かたというと垂直方向への構築を意識させ
るが、水平方向での続きぐあいを意味する「流れ」のイメ
ージで語っても、その筋道というか道理を論議すべき焦点
にしている点では同じであろう。「流れ」は比喩的だが、
問題を解いていくための事実観察や思考の「動き」の整序
と考えればよい。あまりあちこちに飛んでしまわないよ
う、また迷って行き暮れぬよう、袋小路で止まってしまわ

ないよう、進めかたをコントロールすることが必要である。

　読みなおし書きなおしは、著者としての自分よりも、編集者としての自分の役割である。じっさいのやりかたは、さまざまだろう。私は1980年代初頭以降、著者としてはコンピュータの画面上でキーボードをつかって書く便利を手放せないが、編集者としてはじゅうぶんな余白をとって紙に打ち出し、赤ボールペンで書きこむという修正をいまも好む。書きこみの自由の簡便さや、痕跡の意識や、広い範囲での一覧性や、紙の軽さなど、理由づけの屁理屈はいろいろと工夫できるが、要は趣味と慣れの問題である。自分がやりやすいスタイルで推敲すればよい。

キーワードと概念間の関係の自覚化

　いうまでもなく、論文はことばで編まれた「作品」である。

　流れの整序において最小の基礎単位となるのも「文」だが、それ以外に「段落」「節」「章」といったより大きなくくりを適切に設けていくことが、論述の構造をわかりやすくする。

　節や章といった単位には、その論述を意味的に集約する題目、すなわち見出し・表題を付けることがもとめられる。これは節や章の領域で論じられていることの象徴的な集約であると同時に、論文の流れを明確化するものなので、あらためてそのタイトルの妥当性を検討することは改

善段階の作業だろう。

　このレベルでの構造は、本文のなかの見出しとして目立つだけでなく、目次で一覧されることになる。あまりにも抽象レベルの違う単語が雑然と並び、視点の散漫さがあらわになってしまうような見出し設定は、そこですでに構成力が疑われることになる。

　ただばくぜんと文章表現を推敲するだけでは、自分の論文の編集者としては、じゅうぶんとはいえない。自分の論の立てかたにおいて、重要な概念すなわちキーワードになっているものの位置を確認し、動きを調整することが課題になるだろう。

　その意味で「概念」は、最小単位である文をささえる内的な器官であり、説明というメカニズムの心臓部分である。

　概念をきちんと定義したうえで使いなさい、とよく言われる。たしかに意味がわからないままに、むやみに使いまわすのは危険このうえない。しかし他方、第5章で論じたとおり、「○○とはなにか」という定義への熱中は、ときに内向きに、想像力を自閉させていくきらいがないわけではない。むしろ観察の窓をひらき、見る方向を明確化し、考える対象を見つめる視線を安定させることこそ、概念の役割である。「定義」というより、その概念の「作用」や「はたらき」を意識することが大切だ。

　高根正昭『創造の方法学』は、概念を「サーチライト」にたとえたパーソンズの比喩を、図表16-1のように図示

している［高根　1979：60］。概念ということばの光のなかで、われわれは事物を見ている。しかし、現実には照らされていない暗闇があって、それは事実としては認識されない、という。

図表16-1

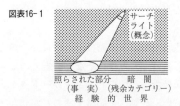

照らされた部分　　暗　闇
（事　実）（残余カテゴリー）
経　験　的　世　界

　残余の暗闇の部分は、なにかが存在する空間としては意識すらされていないかもしれない。逆に、予想外のもののひそむ見通せない場所として意識され、不安に思われているかもしれない。しかし物理的な器具でしかない「サーチライト」と違って、概念と経験的世界のあいだには、ことばの特質に由来する不断の相互作用があり、継続する反照関係がある。すなわち概念はその設定のしかたしだいで仕様とはたらきを変え、あらたな光のあてかたを生みだすことができる。そうした柔軟な対応力をもつ。

　だから、まったく別な概念を導入するというより、すでに説明で使ってきている諸概念の作用の「チューニング」ともいうべき、微妙な調整が大切である。図は、１つの概念が平面の一部分を照らすかたちでイメージされているが、現実の論文での説明は複数の概念の配置によって、事実を立体的に照らし出すと考えたほうが正確である。複数

の概念の協働なので、その意味でもチューニングということばは適切かもしれない。その課題は、読みなおしというプロセスにおいてはじめて明確なかたちをもつ問題として、つきつけられる。

　よくありがちな不具合を参考にあげておく。

　たとえば重要で中心的な概念だと思えばこそ、ひんぱんにキーワードを使ってしまうことがある。きちんと論じなければならないところで使わないのはまちがいだが、よく考えずにむやみに登場させるとしばしば含意が複雑になり、結果として論理の組み立てがゆがんだり、ずれたりすることになりやすい。

　それ以上に気をつける必要があるのが、「説明する／説明される」という関係の維持でありコントロールである。キーワードになっている概念の、「説明」の動きを確認するような読みがもとめられる。しばしば、そのことばが説明すべき対象であるのに、そのことばでなにかを説明してしまうような文をまぎれこませてしまうからだ。

　たとえば、である。「民族」とはなにかの解明が論文の主題なのに、章がすすみ話題がかわると、「民族」でなにかを説明してしまう。同じ民族だから言語や慣習を共有し、あるいは異民族ゆえに対立が生みだされるかのような解説など、説く方向が逆転し、説明が混乱している。これなどは単純な例ですぐに気づくようにも思うが、複数の概念を使って思考を組み立てていく際に、混乱が思いこみとともに気づかずに侵入することもある。

あるいは「感情」などという、その使いかたがあまり定まっていない概念の場合、位置を決め明晰な見通しを組み立てていくこと自体が１つの仕事になる。じっさい個人の内面のなにかに起因するとしたフロイト的分析があるかと思うと、行動心理学では、認識と行動の中間にあって、経験から形成された反応様式として対象化される。合理化されていない残余概念として、慣習化した合理を変革し革新する機能をももつとされたり、「感情労働」「感情経済」などという複合領域を指示したりして、じつにさまざまである。そのなかに、日常的な通念として直観的に理解されている「感情」の語による説明がまぎれこんでいくと、解くべき謎にもよるが、たぶんひどくわかりにくくなる。

　説明しなければならないことを、説明すべき対象の位置にきちんと置きつづけること、これも「流れ」の整備の重要な役割である。

文としての記述の自立：『小説神髄』のおしえ

　第３章で論じたとおり、「謎」のわからなさを説明するのも、それを解いていくのも、文の役割である。自分ではわかっていると思っていることが、まさにそれゆえに適切に説明されないままに残されてしまう事態もしばしば混じりこむ。そうした不親切というか無自覚な欠如をチェックすることも、編集者の役割である。しかし自分が論者でもあり編集者でもあるので、そこに気づくのがむずかしい。

　これも著者としての自分に対して、一定の距離をもって

読むところからしかはじまらない。

　坪内逍遥は写実主義への転換点となったという評論『小説神髄』で、記述説明をめぐってたいへん示唆的なことを論じている。

　「形容を記するはなるべく詳細なるを要す。わが国の小説のごときは、従来細密なる挿絵をもてその形容を描きいだして、記文の足らざるをば補うから作者もおのずからこれに安んじ、景色形容を叙することをまま怠る者すくなからねど、これはなはだしき誤りなり。小説の妙はひとり人物をして活動せしむるにとどまらず、紙上の森羅万象をして活動せしむるを旨とするものなり。文中の雷をして鳴りはためかしめ、書中の激浪怒濤をして宛然天にさかだたしめ、鶯をしてさえずらしめ、梅花をして薫らしむる。これ小説家の技柄の一つなり。ただ人物の態度を写して非情の物のさまを写さざるは、なお昇天の龍を画きて雲を画き添えぬもののごとし」[坪内逍遥　1885『小説神髄』下、第九分冊：47裏]

　古風で大仰な文章だが、ある意味ではリアリティを想像力において構築すべき「文」の孤独な課題を浮き彫りにしている。文が生みだすコミュニケーションは、すでに声の共同性からも、身ぶり・表情のニュアンスからも切断されている。状況に依存し、共通理解をたよった了解が生み出せないところで、文による説明と説得の動きがつくりださ

れなければならない。直接性の共有においてではなく、論理の力だけで読者の想像力を立ち上げる。形容の適切さだけでなく、視点の一貫性、主語と動詞の適切な対応、一文の長さの調整、つづき具合など、記述の工夫がもとめられるのも、この課題にそってである。

　学校での作文の歴史は、型にはまりすぎた明治の美文教育の批判から、「あるがまま」「思った通り」の自然主義[112]へと移行したことを、進歩として評価するだろう。「あるがままに書く」が、対象に対する自然主義だとすれば、「話すように書け」は、方法における自然主義であった。しかし「学校」という場の閉じられた空間性が、そこに理想とは異なる矮小化された現実を生みだした。評価者の代表である教師の価値観や評価にあわせて、感じたふり、思ったふり、考えたふりの学校作文の技巧に秀でた優等生を生みだしてしまったからである。

　作文とは異なる論文の世界でも、とりわけ社会学などは、観察に基礎をおくという方法ゆえに、自然主義への嗜好をどこか内在させている。それに対して、清水幾太郎が『論文の書き方』で「あるがままに書くのはやめよう」「話すように書くな」と、明確な素朴自然主義否定の論理をつきつけたのは印象的であった。その主張は書くことが、ことばによって独自の想像世界を構築することだとの自覚に

112　この自然主義は、自由選題の「綴り方」教育から戦後の生活綴り方、そして読書感想文の全国コンクールを軸とする読み方・書き方の指導へと、さまざまな論点を生みだしつつ展開した。

裏づけられている。ことばによってリアリティを構築する。それは『小説神髄』における文字だけで記述する世界の課題の自覚と同じものである。

　ただ「話」としての明確な構成をもつことは、排除されるべき無駄ではない。説明はさまざまな前提を順序だてて説く「物語」の構造をもつので、どこか「話」の自由な構成力や系統だて順序だてられた言及において、流れとしての固有の説得力を生みだしている。だから文章を声にして確認し、耳での理解を検討し、改善することも有効である。目で見ているだけのときとは、文章の印象も違ってくる。長すぎる文は読みにくく、息がつづかない。息切れするだけでなく、複数の主語と動詞が入り組んで、構造がわかりにくくなっているのが常である。いくつかの論点に分けて、並べなおすことでわかりやすくなる。

　本文の流れを明確にするために、枝葉の部分を注に落として幹だけをのこし、末節を削るというような編集も必要になる。もちろん、本文と注との関係も相互的なもので、どんな関係をつくりうるかは、われわれが意識的に選択すべきことがらである。

目次の役割：設計図・地図としての目次

　全体の構造をみわたす目次は、論文の形式としても必要だが、わかりやすさを生みだすしかけでもある。

　それは論文の構造をまとめていくための設計図であると同時に、調べて考えていくための地図のような役割があ

る。それまでに用意できた部分のつながりや、論の組み立てに必要だがまだ不十分な部分やらを自覚するためにも必要である。目次を書くことで、論ずるべき全体があらわれる。

その意味で、目次は企画書であり、設計図である。

ところが、これは論者のタイプにもよるのだと思うが、私などは目次通りに書けたためしがない。1章のつもりで書きはじめたはずが2章に分かれていったり、べつべつの章に配置していた論点がつながってしまったり、なかなか最初の設計図通りにはできあがらなかったりする。そんな設計図なら、無くてもよいではないかと思うかもしれないが、そうでない。結果としてどのように変わってしまおうとも、あるていどの準備ができた段階で、目次をまとめておくことはたいへんに意味がある。それをつくって置かなければ、変えることも意識することもできないからである。

そのあたりになっていくと、設計図というよりは、調べたり考えたりしてきた道を確かめる地図のようにも思える。当然、地図となると、行ったことがない場所でも書き入れておくことが有効かもしれない。主題領域を見わたす地図のような役割は、できあがった論文の目次とは違うが、一定の役割を果たす。

ちなみに、この本の構想段階での最初の目次は、以下のようなものであった。章の見出し案のしたにつけてあるのは、その章で論じようと考えていた論点のメモである。

　目次だけでみれば、なかなかこれはこれでおもしろい構
成のようには思えるが、そのように書けなかったことは、
この本の目次や論述と比較すればわかる。
　もちろんなかには、かならず最初に用意した設計図どお

りにみごとに書き下ろすタイプの著者もいるので、これは
手仕事につきまとう個性の問題である。「クセ」はさまざ
ま、どちらが優れているということでもないとは思う。文
を書くことは職人的・身体的な熟練なのだから、慣れたや
りかたがもっとも効率的だ。しかしながら、くりかえしに
なるが、そのつどの設計図を真摯につくっておくことはい
ずれにせよ意味がある。

わかりやすさの理想

　編集の課題でもある「わかりやすさ」について、最後に
ほんのすこしだけ考えておこう。じつは、わかりやすくす
ることはむずかしい。

　現代社会では、テレビ的な画像の視覚情報があたりまえ
になり、広告のような効果の測定が日常に浸透しているの
で、教育でもわかりやすさの価値が過剰に強調されてい
る[113]。なかには真実はわかりやすいのだから、むずかしい
説明はわかっていないことのあらわれでしかないと、一つ
覚えよろしく断言する「評論家」もいたりする。しかし、
わかりにくいことが存在するという事実自体を切り捨て

113　ここである時期から過剰に強調されるようになった、大学の講義で
の「パワポ」（プレゼンテーションソフトによる資料作成）使用について
論評したいのだが、長くなるので止める。ただ一言だけ、あの便宜は広
告業界あたりからスライドの代用・合理化として発展したこと、ことば
の側面では結論的なフレーズを簡潔に押しつけるためのもので、文のテク
ストの検討を過程として共有するためのツールでないことは指摘して
おかなければならない。

て、伝えるための努力を省略するのは隠蔽であり、わかることだけで組み立てた説明のわかりやすさは、欺瞞である。

わかりにくいことと誠実に向かい合い、わかりやすくすることのむずかしさの苦い自覚のうえでこそ、論文をわかりやすくするという推敲の理念は価値をもつ。

鶴見俊輔の『文章心得帖』［鶴見 1980］は、文章が実現すべき理想を3つ挙げている。

①紋切り型のことばに乗ってすいすいと物を言わない「誠実さ」
②そのことばの意味を自分で説明できる「明晰さ」
③読者に対する「わかりやすさ」

どれも大切な指針だと私は思う。

とりわけ示唆的なのは、わかりやすさについて、それがたいへん疑わしい仮の概念であって、ほんとうは思ったなにかが完全に伝わることがないという意味では、究極のわかりやすさなんてないのだと説いている点だ。しかしながら、そこで終わらない。鶴見の議論が魅力的なのは、この読者に対するわかりやすさの基本が、自分に対するわかりやすさの発見であり構築だ、と読みかえながら進めていくところにある。

自分にとっての、自分のためだけのわかりやすさではない。よい文章というのは自分にはずみをつけて考えさせる力をもつもので、それがわかりやすさをささえている、という。つまり自分をして考えさせる力、思考の動きを生み

288

だす力は、じつは他人をも考えさせる力である。そこにおいて、③の理想は、①や②の理想を巻き込んでいく。

　われわれが見すえるべき「わかりやすさ」は、自分をふくむ読者に対してのもので、それは考えさせるしかけであり、力である。これに対して、現代の表層をおおっている「わかりやすさ」は、説明をことさら単純にし、図式化し、現実にひそみ動く複雑さやわからなさと向かいあおうとしないところで成立している。論文が目指すべきわかりやすさは、むしろそうした現代批判として成り立つべきものである。

あとがき

　この一冊は夏休みに忙しくまとめたもので、たぶん学生向けのハウツーをもりこんだ実用書としては穴だらけであろう。

　「論文」という文字の文化にことよせて、そうした課題を「書く」という実践にかこつけて、私なりの「社会学」の想像力のはたらきを語ってみたかったというのが、正直なところだろうか。ハウツー書としてのもろもろの不十分はお許しいただきたい。もちろん、私にも大学の教員として、かかわってきた論文指導の経験がある。そのなかで考えていた年来のアイデアのいくつかは、盛り込むことができたようにも思う。

　これも本文で論じたことだが、『文章読本』のように見事でうまいなと感心する論文の「さわり」を断片的にせよ寄せ集めて、その巧みさの力を借りるような構成はとらなかった。そのために、けっきょくのところ自分がこれまでに迷いながら書いてきた経験を、予定以上に参照せざるをえなかった。もちろん意味がありそうなところでだけの例示なので、もしこれがひょっとして冒険の「成功」譚や心願成就の「自慢」話にみえてしまったら、その不用心は申しわけないと思う。実態はもちろん複雑であって、そのすぐとなりに、さまざまな試みの「失敗」や「中途半端」が

語りのこされている。

　しかし他人の「失敗」から学ぶのはじつにむずかしい。まだ体験したことのない自分の失敗については、みなさんがみずからの経験と想像力とをつうじて乗り越えていく以外にはないだろう。時間の関係で適切な事例を探し出せなかったこと、自分のこれまでの論考や著作への言及がことさら多くなったことの弁明である。

　最終章でも触れたとおり、当初のもくろみとはすこし違った仕上がりになった。そのプロセスで、これまで書いてきた複数の文章やエッセイの断片が、素材として取り入れられた。

　1つの素材は、東京大学出版会のシリーズ『人文知』の宣伝のために書いた「読む対象としての〈文〉／知る方法としての〈文〉」（『UP』8月号、東京大学出版会、2014：1-4）である。ほぼ同じ時期に執筆していて、半分はこの本で論じようと思っていたことゆえ、論じようとしていた中心部分を整理して3章に配した。枚数ゆえに省略した部分を復活させて、全体を推敲し増補するにあたり、『社会調査史のリテラシー』を出してもらった新曜社に頼まれて『新曜社総合図書目録40周年記念号』（2010）の「特集　本というメディア」に寄せた「紙の書物という安定したシステムの遺産」（：24-27）というエッセイの一部が使われている。

　2つ目が、社会調査協会編『社会調査事典』（丸善、2014）において方法の側面から社会調査とはなにかを論じ

てみた「方法としての社会調査」の項目で、6章と7章の素材となった。『現代社会学事典』（弘文堂、2012）に書いた「社会学と歴史学」という大項目の一部も、8章の歴史社会学の記述に使っている。

3つ目は、いまは無き『論座』という雑誌に書いた「コピペ」をめぐるエッセイ（「知の職人をめざす人へ：熟練に向かう持続力と楽しみ」『論座』2月号、朝日新聞社、2007：44-51）で、必要な部分を敷衍し、関係のないところを削除し、さらに文脈を違えた引用の問題などの具体例を増補して13章とした。

4つ目の素材はもう20年以上前の論考になるが、「メディア・リテラシーと読者の身体」（『マスコミュニケーション研究』第42号〔新聞学評論・改題1号〕、日本マスコミュニケーション学会、1993：134-150）である。『読書空間の近代』の問題意識をふりかえりつつ、リテラシーについて論じた部分を11章に、ワープロで書くことを論じていた部分を12章の土台とした。

5つ目にその特殊な成り立ちを断っておかなければならないのが15章で、このもととなっているのは私が研究室主任をやっている時代にまとめた、社会学専攻の学生・院生向けの研究倫理指針である。研究室全体の研究教育プロジェクトとして、担当の教員からさまざまな草稿が寄せられた。最終的にそれらを整理し削除し、骨格を整えて1つの文に書きなおしたのは私だが、調査倫理の説明に関しては盛山和夫先生の文章の一部がそのまま素材として利用され

ている。その経緯と、草稿段階でさまざまな議論がなされ意見が出されたことをふくめて、厳密にいえば社会学研究室の共同制作という側面があることを注記しておきたい。

　1・2・4・5・8・9・10・14・16章は、基本的に書き下ろしである。もちろん、以前書いたものを素材とした前述の7つの章も、かなり添削をほどこしているので、再録とはいいがたい。

　この本のかろうじての完成を、今年（2014年）亡くなられた2人の社会学者の思い出に捧げる。

　おひとりは奥田道大先生である。最初にお目にかかったのは、30年近く前だ。奥田先生のおかげで参加した研究や書いた文も多く、しかも本であれ論文であれお送りすると、いつも粒のような書き文字がきちょうめんに並んだていねいな批評の葉書が返ってきた。ほんとうはこの本も批評していただきたかった。

　もうひとりは、このシリーズの第2巻を書いた舩橋晴俊さんである。舩橋さんは私が学部に上がって社会学を勉強しはじめたときの研究室の助手だった。学部生にとってもっとも身近にいた研究者のモデルであったが、その労力を惜しまぬ勤勉と厳しい自己審査はただ見上げるしかなかった。法政大学に私が赴任したとき、舩橋さんは独自に「卒論の書き方」のテクストをつくって、学生たちに配っていた。たぶん何度も何度も改訂されていったにちがいない。この夏に急逝され、シリーズ最後のこの本をお目にかける

ことはできなかった。

　担当の中村憲生さんは、弘文堂から出した私の最初の本の編集者で、ずいぶんと長いおつきあいになる。あの本も夏休みに書いた。今年の夏のほうが1987年の夏よりもしんどかったという印象があるのは、私の体力が衰えたせいか、都合のよいことしか覚えていない勝手な記憶のためか、世界的な気候変動の環境変化か、少なくとも中村さんのたゆまぬ催促のせいではない。このシリーズのはじまり以来、締切をなんども延ばしてしまった失礼をお詫びしつつ、ふたたびの機会にあらためてお礼申し上げる。

　この本は、卒論を考えはじめたばかりの学部生には、すこししんどいかもしれないが、修論・博論を書きはじめた大学院生には、よかれあしかれ思いあたることも多いはずである。だれにとってであっても、社会学を学び、考え、書くためのヒントになるならば、著者として純粋にうれしい。

アルザスの日本研究セミナーから帰った10月に

佐藤　健二

　筑摩書房の北村善洋さんから文庫版にしたい、とのお誘いがあって、この本ができた。読みなおして、わかりにくいところだけいくつか、わずかに呼吸を整えたが、構成も内容も変えなかった。初版をお送りした知人からは、マニュアルかと思って読みはじめたが考えさせるハウツー書ですねという感想や、「文」についての研究書として読んだ、という礼状をもらって、ありがたかった。

　この本は10年前に書いたのだが、社会学を教えるようになって30年ほど経っていた。講義はそれほど好きではなかったが、演習では法政大学でも東京大学でも、非常勤でいったところでも、いろいろな個性に出会えておもしろかった。そこで得た知恵と、自分が資料とどう向かいあってきたのかについて、整理してみるのも必要だと思った。しかし、「論文の書きかた」を論ずるのは、論文を書くより面倒だなと思ったのを覚えている。

　小さくハンディになった一冊が、もういちど読者のもとに届けられるようになったことを悦んでいる。

2024年2月に

佐藤　健二

文献一覧（アルファベット順）

アルチュセール（河野健二・田村俶・西川長夫訳）1994『マルクスのために』平凡社ライブラリー

Bolter, 1991, *Writing space: the computer, hypertext, and the history of writing*, Hillsdale, N.J.:L. Erlbaum Associates ＝黒崎政男ほか訳1994『ライティング・スペース：電子テクスト時代のエクリチュール』産業図書

カスタネダ（真崎義博訳）1974a『呪術の体験：分離したリアリティー』二見書房

カスタネダ（真崎義博訳）1974b『呪師に成る：イクストランへの旅』二見書房

シャルチエ編（水林章・泉利明・露崎俊和訳）1992『書物から読書へ』みすず書房

コント（霧生和夫訳）1970「実証精神論」清水幾太郎責任編集『コント スペンサー』世界の名著36、中央公論社：141-233

Durkheim, E., 1897, *Le suicide: étude de sociologie*, Félix Alcan ＝宮島喬訳 1985『自殺論』中公文庫

エコ（谷口勇訳）1991『論文作法：調査・研究・執筆の技術と手順』而立書房

Eisenstein, Elizabeth L., 1983, *The Printing Revolution in Early Modern Europe*, Cambridge University Press ＝別宮貞徳監訳 1987『印刷革命』みすず書房

福武直 1955「農村調査の成功のために」古島敏雄・福武直編『農村調査研究入門』東京大学出版会：340-372

福武直編 1954『日本農村社会の構造分析：村落の社会構造と農政滲透』東京大学出版会

福武直 1958『社会調査』岩波全書

福武直・松原治郎編 1967『社会調査法』有斐閣

現代風俗研究会編 1993『マンガ環境 現代風俗 '93』リブロポート

花田達朗 1996『公共圏という名の社会空間：公共圏、メディア、市民社会』木鐸社

橋川文三 2002『柳田国男論集成』作品社

今村仁司 1980『アルチュセール』清水書院

稲上毅 1973『現代社会学と歴史意識』木鐸社

稲増龍夫 1991『フリッパーズ・テレビ』筑摩書房

井上ひさし 1984『自家製文章読本』新潮社

石郷岡知子 1991「高校教師のつぶやき」『月刊百科』11月号、平凡社
　　　→1993『高校教師放課後ノート』平凡社

石牟礼道子 1969『苦海浄土：わが水俣病』講談社

石崎俊・波多野誼余夫他編 1992『認知科学ハンドブック』共立出版

出原栄一・吉田武夫・渥美浩章 1986『図の体系：図的思考とその表
　　　現』日科技連出版社

川井良介編 2006『出版メディア入門』日本評論社

川喜田二郎 1986『KJ法：混沌をして語らしめる』中央公論社

警察庁刑事局捜査第一課編 1982『全訂 捜査参考図』東京法令出版

警視庁 1925『大正大震火災誌』警視庁

北田暁大 2005『嗤う日本の「ナショナリズム」』NHK出版

喜多野清一 1949「新田開発村の同族組織」東京大学社会学会編『現
　　　代社会学の諸問題：戸田貞三博士還暦祝賀記念論文集』弘文堂：
　　　157-75

国家地方警察本部刑事捜査課編 1953『捜査参考図』同捜査課

Kornhauser, W., 1959, *The Politics of Mass Society*, Glencoe: Free
　　　Press ＝辻村明訳 1961『大衆社会の政治』東京創元社

戸籍学会 1912『身分登記戸籍寄留記載例全集』戸籍学会

久保天随 1907『論文作法』実業之日本社

Lundberg, G. A., 1942, *Social Research: A Study in Methods of Gather-
　　　ing Data*, New York: Longmans Green ＝福武直・安田三郎訳
　　　1952『社会調査』東京大学出版会

真木悠介（見田宗介）1977『気流の鳴る音：交響するコミューン』筑
　　　摩書房；2012 定本真木悠介著作集1、岩波書店

丸谷才一 1977『文章読本』中央公論社；1980 中公文庫

Merton, R. K., 1957, *Social Theory and Social Structure*, New York:
　　　Free Press ＝森東吾他訳 1961『社会理論と社会構造』みすず書

　　房

三島由紀夫 1959『文章読本』中央公論社；1995 改版、中公文庫

見田宗介 1965『現代日本の精神構造』弘文堂

森銑三・柴田宵曲 1944『書物』白揚社

Morin, E., 1969, *La Rumeur d'Orléans*, Paris: Éditions du Seuil＝杉
　　山光信訳 1973『オルレアンのうわさ』みすず書房

村上信明 1988『出版流通図鑑』新文化通信社

村上泰亮・佐藤誠三郎・公文俊平 1979『文明としてのイエ社会』中
　　央公論社

内務省衛生局 1921『東京市京橋区月島に於ける実地調査報告　第一
　　輯』内務省衛生局

中村雄祐 1994「フィールドワーク」小林康夫・船曳建夫編『知の技
　　法』東京大学出版会：17-28

中野卓 1977『口述の生活史』御茶の水書房

野村純一 1984「昔話と民俗社会：世間話から昔話へ」同編『昔話と
　　民俗』日本昔話研究集成3、名著出版：2-30

尾高邦雄 1958『現代の社会学』岩波全書

Ong, Walter J., 1982, *Orality and Literacy, The Technologizing of the
　　Word*, Methuen & Co.Ltd＝桜井直文・林正寛・糟谷啓介訳1991
　　『声の文化と文字の文化』藤原書店

小野秀雄 1960『かわら版物語』雄山閣出版

Poster, Mark, 1990, *The Mode of Information*, Polity Press＝室井
　　尚・吉岡洋訳 1991『情報様式論：ポスト構造主義の社会理論』
　　岩波書店

蔡星慧 2006『出版産業の変遷と書籍出版流通』

斎藤美奈子 2002『文章読本さん江』筑摩書房

斉藤孝 1977『学術論文の技法』日本エディタースクール出版部

佐々木健一 2014『論文ゼミナール』東京大学出版会

佐藤健二 1985「社会運動研究における〈大衆運動〉モデル再検討の
　　射程」『思想』737号：78-101

佐藤健二 1987「民話の対抗力：戦争下のうわさについて」庄司興
　　吉・栗原彬編『社会運動と文化形成』東京大学出版会：247-274

佐藤健二 1987『読書空間の近代：方法としての柳田国男』弘文堂

佐藤健二 1991「話のイコノロジー」『〈口承〉研究の地平』「口承」研究の会：74-86

佐藤健二編 1992『東京市社会局調査の研究：資料的基礎研究』住宅総合研究財団

佐藤健二 1994『風景の生産・風景の解放：メディアのアルケオロジー』講談社

佐藤健二 1995『流言蜚語：うわさ話を読み解く作法』有信堂高文社

佐藤健二 2001『歴史社会学の作法：戦後社会科学批判』岩波書店

SATO Kenji, 2007, "Thinking of Images / Thinking through Images," *Asian Cultural Studies*, No.33, ICU：1-12

佐藤健二 2009a「テクスト空間論の構想：日本近代における出版を素材に」齋藤晃編『テクストと人文学：知の土台を解剖する』人文書院：153-171

佐藤健二 2009b「関東大震災における流言蜚語」『死生学研究』第11号：45-110

佐藤健二 2011『社会調査史のリテラシー：方法を読む社会学的想像力』新曜社

佐藤健二 2012『ケータイ化する日本語：モバイル時代の〝感じる〟〝伝える〟〝考える〟』大修館書店

佐藤健二 2013「怪物のうわさ：クダンの誕生」山本泰・佐藤健二・佐藤俊樹編『社会学ワンダーランド』新世社：85-116

佐藤健二・山田一成編 2009『社会調査論』八千代出版

佐藤進一 1971『古文書学入門』法政大学出版局

清水幾太郎 1959『論文の書き方』岩波新書

清水義範 1991「ワープロ爺さん」『永遠のジャック＆ベティ』講談社文庫：29-36

高田止丈夫 1937『誰にも出来る結婚調査の秘訣』帝国秘密探偵社

高根正昭 1979『創造の方法学』講談社現代新書

谷崎潤一郎 1934『文章読本』中央公論社；1975 中公文庫

Thomas, W. I., & F. Znaniecki, 1918-9, *The Polish Peasant in Europe and America*, Boston: Richard G. Badger ＝桜井厚訳 1983『生活

　　史の社会学：ヨーロッパとアメリカにおけるポーランド農民』御
　　茶の水書房

戸田山和久　2002『論文の教室：レポートから卒論まで』NHK 出版

常光徹　1989「奇事異聞（二）：人魚の予言」『近世庶民生活史料　藤岡
　　屋日記　編集のしおり』六（鈴木棠三・小池章太郎編『藤岡屋日
　　記』第六巻月報）、三一書房

鶴見俊輔　1980『文章心得帖』潮出版社

ヴェーラー（山口定ほか訳）1977『近代化理論と歴史学』未來社

山根一眞　1986『変体少女文字の研究』講談社

柳田国男　1997「農業経済と村是」『時代ト農政』（1910）『柳田国男全
　　集』第２巻、筑摩書房

安田三郎　1958『社会調査ハンドブック』（謄写版）、安田三郎

安田三郎　1960『社会調査ハンドブック』有斐閣

養老孟司　1991「日本語の特徴」『涼しい脳味噌』文藝春秋

養老孟司・吉本隆明　1991「身体と言語」『脳という劇場──唯脳論・
　　対話篇』青土社

吉田洋一・西平重喜　1956『世論調査』岩波新書

湯本豪一　1999『明治妖怪新聞』柏書房

Znaniecki, F., 1934, *The Method of Sociology*, New York: Rinehart ＝
　　下田直春訳　1971『社会学の方法』新泉社

本書は、二〇一四年十二月三十日、弘文堂より、現代社会学ライブラリーの第18巻として刊行された。

誰が読んでもわかりやすいが自分にしか書けない、そんな文章を書こう。発想を形にする方法の利用法、体験的に作品を作り上げる表現の実践書。

完璧に見える主張をどう切り崩すか。名弁護士らが用いた技術をあますことなく紹介し、多くの法律家に影響を与えた古典的名著。　　（平野龍一／髙部隆）

論理的に考え、書き、発表し、議論する。そのための最短ルートはマニュアルでなく、守るべきルールを理解すること。全米ロングセラー入門書最新版！

現代語文法の枠組みを通して古代語文法を解説。中古和文を中心に、本書には古典文を読み解くために必要不可欠な知識が網羅されている。学習者必携。

傑出した国語学者であった著者が、たんに作品解釈のためだけではない「教養としての文法」を説く。国文法を学ぶ意義を再認識させる書。　（屋名池誠）

正しいレポートを作るにはどうすべきか。『理科系の作文技術』で話題を呼んだ著者が、豊富な具体例をもとに、そのノウハウをわかりやすく説く。

発音や文法の初歩から、中国語の背景にあるものの考え方や対人観・世界観まで、身近なエピソードとともに解説。楽しく学べる中国語入門。

「点が取れる」ことと「読める」ことは、実はまったく別。ではどうすれば「読める」力＝読解力を培い自分で考える力を磨くための徹底訓練講座。

議論で相手を納得させるには5つの「型」さえ押さえればいい。豊富な実例と確かな修辞学的知見をもとに、論証や反論に説得力を持たせる論法を伝授！

改訂増補 古文解釈のための国文法入門　松尾　聰

助詞・助動詞・敬語等、豊富な用例をもとに語意を吟味しつつ、正確な古文解釈に必要な知識を詳述。多くの学習者に支持された名参考書だ。〈小田勝〉

考える英文法　吉川美夫

知識ではなく理解こそが英文法学習の要諦だ。簡明な解説と豊富な例題を通して英文法の仕組みを血肉化させていくロングセラー参考書。〈齋藤兆史〉

わたしの外国語学習法　ロンブ・カトー　米原万里訳

16ヵ国語を独学で身につけた著者が明かす語学学習の秘訣。特殊な才能がなくても外国語は必ず習得できる！ その楽天主義に感染させてくれる。〈黒田龍之助〉

英語類義語活用辞典　最所フミ編著

類義語・同意語・反意語の正しい使い分けが、豊富な例文から理解できる定評ある辞典。学生や教師・英語表現の実務家の必携書。〈加島祥造〉

日英語表現辞典　最所フミ編著

日本人が誤解しやすいもの、まぎらわしい同義語、慣用句・俗語を挙げ、詳細に解説。英語理解のカギになる、日本語の伝統的な表現。〈加島祥造〉

言　海　大槻文彦

統率力ある精確な語釈、味わい深い用例、明治の刊行以来昭和まで最もポピュラーで多くの作家に愛された辞書『言海』が文庫で。〈武藤康史〉

名指導書で読む 筑摩書房 なつかしの高校国語　筑摩書房編集部編

名だたる文学者による編纂・解説で長らく学校現場で愛された幻の国語教材。教室で親しんだ名作と、珠玉の論考からなる傑作選が遂に復活！

異人論序説　赤坂憲雄

内と外とが交わるあわい、境界に生ずる〈異人〉という豊饒なる物語を、さまざまなテクストを横断しつつ明快に解き明かす危険で爽やかな論考。

柳田国男を読む　赤坂憲雄

稲作・常民・祖霊のいわゆる「柳田民俗学」の向こう側にこそ、その思想の豊かさと可能性があった。テクストを徹底的に読み込んだ、柳田論の決定版。

ちくま学芸文庫

論文の書きかた

二〇二四年五月十日　第一刷発行

著　者　　佐藤健二（さとう・けんじ）

発行者　　喜入冬子

発行所　　株式会社　筑摩書房
　　　　　東京都台東区蔵前二ー五ー三　〒一一一ー八七五五
　　　　　電話番号　〇三ー五六八七ー二六〇一（代表）

装幀者　　安野光雅

印刷所　　三松堂印刷株式会社

製本所　　三松堂印刷株式会社

乱丁・落丁本の場合は、送料小社負担でお取り替えいたします。
本書をコピー、スキャニング等の方法により無許諾で複製する
ことは、法令に規定された場合を除いて禁止されています。請
負業者等の第三者によるデジタル化は一切認められていません
ので、ご注意ください。

© Kenji Sato 2024　Printed in Japan

ISBN978-4-480-51239-0 C0181